O EU RENOVADO

Introdução à Somato-psicopedagogia

DANIS BOIS

O EU RENOVADO

Introdução à Somato-psicopedagogia

IDÉIAS & LETRAS

Diretor Editorial:
Marcelo C. Araújo

Editores:
Avelino Grassi
Márcio F. dos Anjos

Coordenação Editorial:
Ana Lúcia de Castro Leite

Tradução:
Catarina Santos

Copidesque:
Antônio Bicarato
Elsa Braga

Revisão:
Ana Lúcia de Castro Leite
Bruna Marzullo
Leila Cristina Dinis Fernandes

Diagramação:
Simone Godoy

Capa:
Junior Santos
A partir de: Buonarrotti
Estátua Incompleta de um Prisioneiro
Michelangelo

Título original: *Le moi renouvelé*

71, Boulevard de Brandebourg, 94200 Ivry-sur-Seine
ISBN 2-913514-19-7

Editora Idéias & Letras
Rua Pe. Claro Monteiro, 342 - Centro
12570-000 Aparecida-SP
Tel. (12) 3104-2000 - Fax (12) 3104-2036
Televendas: 0800 16 00 04
vendas@ideiaseletras.com.br
www.ideiaseletras.com.br

Dados Internacionais de Catalogação na Publicação (CIP)
(Câmara Brasileira do Livro, SP, Brasil)

Bois, Danis, 1949-.
O eu renovado: introdução à somato-psicopedagogia / Danis Bois; [tradução Catarina Santos]. - Aparecida, SP: Idéias & Letras, 2008.

Título original: Le moi renouvelé
Bibliografia
ISBN 978-85-7698-018-6

1. Corpo e mente – Relaxamento – Técnica 2. Corpo e mente (Terapia) 3. Psicoterapia I. Título.

08-08931 CDD-616.891

Índices para catálogo sistemático:

1. Corpo e mente: Psicoterapia: Ciências médicas 616.891
2. Corpo e mente: Somato-psicopedagogia: Ciências médicas 616.891

O homem não é para si mesmo
nem uma alma apartada do corpo vivo,
nem determinado corpo vivo, apartado da alma,
que a ela se une sem se confundir.
O homem é o resultado dos dois,
e o sentimento que tem da sua existência
outro não é senão o da união inefável
dos dois termos que o constituem.

Maine de Biran

Encontramo-nos numa época
em que a clivagem entre o corpo
e o espírito tende a desaparecer.
Mas as tentativas de unificação
das dimensões corporal e psíquica
estabelecem ainda demasiado freqüentemente
uma ordem hierárquica
de sentido único, em que um dos dois pólos (a psique)
se expressaria através do outro (o soma,
palco de perturbações consideradas por serem
em primeiro lugar como psíquicas).
A Somato-psicopedagogia é uma disciplina emergente,
que tenta reconciliar, plenamente
e em pé de igualdade, o corpo e o espírito.

Danis Bois

Dedico este livro aos meus colegas
que constituíram, ao longo da minha
vida profissional, um verdadeiro amparo.
Graças à sua ação, os conhecimentos
adquiridos puderam ser verificados na sua eficácia
terapêutica e pedagógica.

AGRADECIMENTOS

Estou reconhecido à Universidade Moderna de Lisboa por ter-me dado a honra de me acolher. A Universidade Moderna não se contentou apenas em me acolher como investigador e professor; ela conferiu aos meus trabalhos um interesse muito estimulante, que encontrou a sua finalidade na implementação de um terceiro ciclo universitário acadêmico sob a denominação de "Psicopedagogia Perceptiva".

Devo expressar a minha gratidão a Ève Berger, que é simultaneamente uma amiga íntegra e uma colaboradora pertinente na sua maneira de conceber a pedagogia do sensível. Ela é, em parte, responsável pelos pontos de vista que exponho nestas páginas.

Devo igualmente agradecer a Élise Donval e a Didier Austry as críticas extremamente construtivas; os seus conselhos elucidativos e sensatos foram indispensáveis para a clareza do meu propósito.

SUMÁRIO

PREFÁCIO

Este livro toca-me por vários motivos. Ele ecoa com a minha própria caminhada. Em primeiro lugar pelo percurso do autor, porque esta abordagem é fruto de um trabalho de praticante, fruto da sua prática atenta, retomada através de um grande movimento de tematização que testemunha a seqüência das obras publicadas, desde vinte anos, que fazem do autor um investigador excepcional. Danis Bois é um autêntico praticante reflexivo que tomou por objeto de investigação a sua própria prática e que a fertiliza com os resultados da sua investigação. E, mesmo que ele se tenha tornado recentemente professor de Universidade e dirija um laboratório de investigação, permanece ancorado na sua experiência.

Esta relação viva para com a prática parece-me essencial. Com efeito, por tê-la encontrado mais de uma vez, cheguei a reconhecer a "evidência" que inverte a ordem dos valores do conhecimento: a prática está sempre adiantada em relação à investigação universitária estabelecida. Por quê? Porque ela é o lugar privilegiado da criação, da invenção. Com efeito, é na experiência vivida que se situa uma "região selvagem", para retomar os termos do fenomenólogo Tenguely, ou seja, uma região de emergência que ultrapassa o controle da consciência refletida e que desse modo permite a criação, a invenção, a revelação de novas intuições no seio da mesma vivência profissional. Danis Bois ilustra claramente esta caminhada. E, dessa forma, contrariamente a determinados programas de investigação puros, tal procedimento não tem necessidade "de imaginar" imediatamente as aplicações, porque produz naturalmente resultados utilizáveis pelos profissionais. É o que este livro mostra no domínio da psicoterapia através da mediação corporal, a que o autor dá o nome de Somatopsicopedagogia.

No entanto, um movimento de emergência desta natureza não seria mais do que uma luz efêmera de inteligibilidade, se não tivesse sido tomado, trabalhado, posto à prova, partilhado com outros, confrontado com o espaço de variações da diversidade das pessoas e das patologias. Este aspecto do trabalho do autor toca-me também por ressonância, já que muitos dos meus trabalhos têm origem precisamente no prosseguimento combativo, contínuo, reiterado de dar forma aos materiais procedentes da minha vivência como praticante de explicitação. O terapeuta explicita pelo diálogo aquilo que o paciente tem dificuldade de compreender. Com efeito, o que é esta apropriação da prática, senão o ato reflexivo, ou seja, uma introspecção dirigida finamente para a vivência do praticante, para reconhecer no que ele fez, sentiu, pensou e provou o que deve ser conservado e, depois, ampliado e formalizado? Com certeza, a experiência é o lugar incontornável da emergência, mas ela não é válida sem um praticante vigilante em se apoderar dos sinais fecundos; um praticante com vocação de investigador, capaz de perseverar na sua intenção de tematizar o que pôde observar e escrever.

Danis Bois não só integrou claramente a dimensão introspectiva no seu método de investigação, como também a apresenta de modo muito congruente nas suas terapias, em particular sob a forma original de "introspecção sensorial". Ao fazê-lo, não hesitou em apoiar-se abertamente num ato que o século XX procurou desqualificar – erradamente – de todas as maneiras possíveis. No entanto, como nos referirmos à sua vivência, à sua experiência, se não praticarmos uma forma regrada de introspecção? De fato, com o seu trabalho, o autor mostra uma verdadeira abordagem na primeira pessoa. O que podemos dizer da dimensão subjetiva, ou seja, do ponto de vista próprio ao indivíduo, só se poderá enraizar na própria experiência de quem a analisa.

Na Somato-psicopedagogia, encontro igualmente com muito interesse a dimensão formativa. A minha própria formação de psicoterapeuta tinha-me sensibilizado para o fato de que fazer um paciente trabalhar era também formá-lo; podíamos até inverter a intenção de modo útil, sendo que a melhor coisa para que um paciente melhore é que ele aprenda a tomar conta de si mesmo. Aliás, até os terapeutas têm os seus maus dias e as suas dificuldades existenciais; a diferença se refere à posição que cada um ocupa no processo de aprender a tomar conta de si. Acho soberbo, no percurso do autor, ter colocado esta dimensão formativa no coração das suas práticas terapêuticas. Não existe outra abordagem terapêutica – de que eu tenha conhecimento – que o tenha feito.

Ao percorrer este livro, não deixei de ficar perturbado pelos capítulos que tratam diferentes domínios de aplicação da Somato-psicopedagogia. Numerosas patologias entram claramente nas rubricas que qualquer psicoterapeuta conhece, e às quais Danis Bois se preparou para dar resposta. Daí emerge uma tomada de consciência, resultado de uma mudança profunda de ponto de vista: o conceito de psicoterapia – apesar de toda a variedade das técnicas existentes – pressupõe sempre uma primazia do psicológico para cuidar da psique. O conceito de psicoterapia construiu-se, dessa forma, a partir da psicanálise, contra os tratamentos físicos da medicina do corpo: de um lado, o tratamento do físico, de outro, o tratamento da psique. Em rigor, algumas técnicas psicológicas apóiam-se transitoriamente no corpo, para escutá-lo dizer o seu sentido, como no "focusing" de Gendlin, para excedê-lo pela hiperventilação (Rebirthing) ou pela provocação até aos limites (bioenergia reichiana, por exemplo). Com a abordagem de Danis Bois, descobrimos, de uma maneira totalmente inédita, uma (psico)terapia que não se enraíza na psique, mas no sensível da matéria, na escuta, no toque, na movimentação sutil do corpo. O corpo é tomado em conta de uma forma original, não mais para ser tratado para si mesmo, mas como mediação privilegiada para abordar a globalidade do paciente, incluindo a sua psique. De fato, ao reler-me, avalio que as minhas palavras são incapazes de destacar a originalidade desta prática, o caráter verdadeiramente inabitual da relação com o movimento interno a partir do corpo.

Eu não me permitiria escrever assim, se tivesse apenas um conhecimento livresco. Com efeito, as conversas com Danis Bois e os seus colaboradores rapidamente me renderam à evidência de que a única maneira de poder dialogar com eles era compreender aquilo que nomeavam como "movimento interno", "ponto de apoio", "sensível" etc. Para tal, eu deveria fazer a experiência na minha matéria, na primeira pessoa. "Vivenciei", então, essa experiência do sensível, fui muito tocado por ela, achei-a plena de sabor e não pude finalmente senão admirar a notável congruência deste procedimento original.

Este livro interessará não só aos profissionais da terapia, mas também estará accessível a um público ampliado pelo trabalho sobre si mesmo e pelas dificuldades da vida. Para mais, seria bom que ele questionasse diretamente os fenomenólogos especialistas da experiência corporal sobre a relação que as suas conceitualizações têm com as suas vivências, tanto atuais como possíveis.

Não tenho dúvidas de que a investigação de Danis Bois, para além da dimensão terapêutica, é também uma fenomenologia do corpo sensível. E, mesmo que a formulação completa de tal fenomenologia pertença ainda ao futuro, este livro faz avançar um grande passo nesse sentido.

Pierre Vermersch, CNRS, GREX

INTRODUÇÃO

Será que o homem se encontra disposto a um encontro com a parte sensível do seu "ser"? Será ele capaz de modificar a sua concepção do mundo na qual fundamenta as suas escolhas de vida, a partir deste encontro? Será que se encontra pronto para modificar a relação que tem com a sua vida por um retorno ao seu próprio corpo?

Coloquei-me essas questões como pedagogo da saúde, interrogando a minha experiência e, em particular, a experiência vivenciada do corpo. Será possível viver numa grande proximidade consigo mesmo? Essa questão anima-me há muito tempo; como homem de ação e, atualmente, como investigador em ciências da educação e em psicopedagogia. A Somato-psicopedagogia nasceu, nesse sentido, dessa interpelação.

A Somato-psicopedagogia não é uma terapia manual, não é uma psicoterapia, nem uma pedagogia; ela é tudo isso simultaneamente e constitui hoje a minha tentativa de resposta a essa questão de partida.

Adquiri a minha primeira experiência com esta intimidade do corpo como osteopata. Eu era, em primeiro lugar, um terapeuta manual especializado no alívio das dores físicas pela utilização das técnicas articulares osteopatas.

Devemos aos fundadores da osteopatia, os doutores Still[1] e Sutherland[2], a grande descoberta essencial para o nosso propósito: existe no corpo um movimento interno, uma força de regulação orgânica autônoma[3]. Foi ao estudo das propriedades desse movimento interno que me consagrei no início da profissão.

Essa experiência levou-me a reconhecer que esse movimento interno não se contentava em ser unicamente uma força de regulação orgânica, mas era igualmente uma força de regulação dos esquemas psíquicos e comportamentais. Isso foi uma verdadeira surpresa. Este corpo que eu via, até então, como um conjunto articular, decerto inteligente, revelava ser também um corpo vivo, sensível: um corpo vivenciado, como o qualifico hoje.

Mas, então, qual seria a natureza e a origem deste sensível do corpo que se revelava sob as minhas mãos? Perguntava-me se não haveria uma ligação entre essa vivência e o "maior que si mesmo" de que por vezes fala a filosofia. Para mim, isso constituiu o início de uma busca mais filosófica.

A investigação do sensível do Ser é tão antiga como a própria filosofia. Mas, nesta investigação, o meu primeiro grande encontro data da minha leitura de Maine de Biran e da minha descoberta do seu sentimento de existência.

---

[1] O doutor americano Andrew T. Still (1828-1917), fundador da osteopatia, cria em 1892 a American School of Osteopathy.

[2] W. G. Sutherland (1873-1954), aluno de Still, cria em 1895 a terapia sacro-craniana, a osteopatia sacro-craniana, depois de ter descoberto a existência de movimentos fisiológicos entre os ossos e o crânio.

[3] Essas idéias serão desenvolvidas na primeira parte.

O sentimento de existência, segundo Maine de Biran (1766-1824), designa a tonalidade que se desencadeia do sentido íntimo de si. A sua concepção abre-nos a um sentimento de existência que repousa numa subjetividade vivenciada por uma percepção ativa. Foi precisamente em referência a Maine de Biran que escolhi, para descrever este sentimento de existência, a palavra vivência. Nenhum outro termo me pareceu melhor restituir a exatidão da tonalidade ligada à vivência consciente do movimento interno.

Maine de Biran é freqüentemente considerado como o predecessor dos fenomenólogos. A fenomenologia, corrente filosófica criada por Husserl (1859-1938) e desenvolvida nomeadamente por Heidegger (1889-1976), Merleau-Ponty (1908-1961) e Sartre (1905-1980), prosseguiu com uma nova visão do Ser, ao apoiar-se sobre o estudo aprofundado da percepção, da consciência e do corpo vivido.

Husserl interessava-se pelo corpo vivido, ao qual os fenomenólogos também chamam de "corpo próprio", "corpo vivo" ou ainda "matéria": este corpo que é meu porque precisamente o sinto como sendo meu. Merleau-Ponty dizia: "Eu sou o meu corpo e, reciprocamente, o meu corpo é como um sujeito natural, como um esboço provisório do meu ser total".[4]

A minha abordagem do sensível convida a ampliar essa visão, ao considerar a unidade da atenção a si e o sentimento de existência como condições necessárias ao bem-estar. Com efeito, como diz Heidegger, o homem pode viver sem existir

[4] **Merleau-Ponty**, *La phénoménologie de la perception*, Gallimard, 1965.

verdadeiramente por esse motivo: ele passa assim através da vida, ou seja, ao lado da vida. O homem é atormentado por necessidades que condicionam a qualidade da sua presença à sua própria vida. Existir, para Heidegger, significa estar atento à sua vida, compreendê-la de outra forma que não a de uma postura intelectual e renunciar ao absurdo de uma vida privada de sentido. E. Minkowski (1885-1972), um dos pais da psiquiatria fenomenológica, dava a esta perda de sentido uma extensão metafísica e designava-a de "perturbação cósmica"[5]. Para ele, o homem sofre, porque se sente inconscientemente distanciado de uma totalidade; quer se trate de uma totalidade no seu corpo, na sua pessoa, no mundo dos humanos ou, mesmo, no universo.

Penetramos aqui no domínio de uma subjetividade profunda e instrutiva, bem diferente desta outra subjetividade, emocional e personalizante, que censuramos por não ser confiável e por ser demasiado individual.

De maneira geral, a percepção tem a reputação de ser enganadora, o que a excluiu de qualquer procedimento científico e até, muitas vezes, da atitude filosófica. Husserl levantou o desafio, ao fazer da subjetividade um argumento científico, encarando-a mesmo como uma prova científica. A subjetividade que ele defende não está relacionada com a subjetividade psicológica na medida em que, para a fenomenologia, é subjetivo o que elimina tudo o que não é real. Para a fenomenologia, a subjetividade é essência pura.

---

[5] **Minkowski** E., *La lutte intérieure, écrits cliniques*, Eres, 2000.

Foi nessa filiação que escolhi inscrever o dado da vivência. O desafio era imenso: como alcançar uma subjetividade pura, estando simultaneamente, pela força das coisas, implicado na observação? Isso equivaleria, de um ponto de vista psicológico, a colocar a seguinte questão: como se sentir tocado por um acontecimento sem ser perturbado por ele? Como se deixar tocar, se de um lado há a distância da parte que observa e de outro lado há a parte que está envolvida no tratamento?

Assim, na noção de vivência, encontra-se uma primeira noção de provação. "Eu vivencio o que vivencio" significa que eu me ponho à prova dentro do que sinto.

Aqui, o que eu vivencio não é de ordem afetiva ou emocional. Trata-se antes de uma tonalidade interna, de um segundo plano emocional, que dá gosto pela vida. Esta tonalidade resulta, segundo a minha perspectiva, da prática daquilo que designei como corda sensível do nosso lugar do ser; ela se revela pelo encontro com o movimento interno.

A qualidade de presença vai a par com a qualidade de atenção dirigida sobre si. Mas de que tipo de atenção se trata? Suspeitamos de que a atenção cotidiana, habitual, voltada para o mundo exterior e suas preocupações, não seja de grande ajuda para conquistar esta fibra sensível do corpo. É necessário, em vez dessa atenção habitual, demonstrar uma consciência capaz de receber essas tonalidades internas sutis, os fatos de consciência insuspeitos. Uma atenção que Maine de Biran já havia distinguido da observação interna clássica: "Se a arte da observação interna foi felizmente cultivada pelos psicologistas discípulos de Locke, será que a segunda, bem mais difícil, a da experiência interna, foi verdadeiramente praticada?"[6]

A sutileza das informações que aparecem no corpo apelam para pousar a atenção de forma intensa e sustentada pela interioridade. É graças a essa atitude introspectiva que o movimento interno aparece, se ouso dizê-lo, "na matéria e nos ossos", na consciência da pessoa, em momentos intensos em que se oferece uma atmosfera de lentidão que se difunde, uma onda calorosa que parece impregnar toda a matéria do corpo até às células.

É possível enumerar toda uma gama de relações com o corpo, que se enuncia segundo o nível perceptivo do observador: desde "eu tenho um corpo", até "eu vivo o meu corpo", depois "eu habito o meu corpo", para enfim chegarmos a "eu sou o meu corpo". Mais pragmaticamente, todos compreendemos que cada um tem um corpo e que, graças a este, a vida pode expressar-se. Mas este corpo tornou-se de tal modo familiar que entrou numa espécie de rubrica do maquinal, que já não oferece, simultaneamente, a sua parte sensível.

Ao contrário, o contato com o movimento interno produz mudanças interiores permanentes, pelas quais nos descobrimos mais humanos, mais próximos de nós mesmos. Vivemos, então, a partir do nosso interior, algo maior que nós... portador de um questionamento profundo.

A Somato-psicopedagogia aborda o sensível através dessa experiência corporal. Ela convida à conversação consigo mesmo,

---

[6] **Maine de Biran**, *Essai sur les fondements de la psychologie, Œuvres complètes, T. VII.1*, Vrin.

a olhar-se, olhando o mundo, a sentir-se, a percepcionar-se, uma preocupação que animava na sua época J.-J. Rousseau, quando este convidava à "observação de si, sondando-se a si mesmo". A Somato-psicopedagogia faz apelo a uma verdadeira "virtuosidade introspectiva", graças à qual a pessoa pode descobrir o seu verdadeiro lugar e participar plenamente da obra da sua vida.

Se a observação está no centro do método da Somato-psicopedagogia, o pensamento é, de igual modo, fortemente solicitado; estas duas competências aparecendo como indissociáveis na busca de sentido que conduz à conquista de si mesmo. Rompendo com o antagonismo milenar entre o espírito e o corpo, a Somato-psicopedagogia postula a unidade de ambos, para um equilíbrio das forças do qual depende o estado de saúde. Fui levado a afastar-me da psicologia e da psicanálise que, quando abordam as problemáticas do corpo, o fazem essencialmente sob o ângulo das doenças psicossomáticas, sintomas corporais que têm como fonte o psiquismo.

Na tentativa de ultrapassar essa visão das somatizações, para romper com a idéia segundo a qual a reação psíquica acontece necessariamente primeiro, escolhi colocar o prefixo "somato" em primeiro lugar na designação da Somato-psicopedagogia. Já foi demonstrado que uma perturbação corporal pode estar na origem de um sofrimento psíquico[7]. E eu defendo a idéia dinâmica de simultaneidade entre a reação somática e a reação psíquica.

---

[7] Federoff fez uma observação longitudinal, em 1992 nos Estados Unidos, sobre 66 pacientes. Observou que, durante o mês seguinte a um traumatismo craniano menor, médio ou maior, em que não tinha ocorrido hospitalização, 25% dos pacientes apresentavam uma depressão maior e 3 %, uma depressão menor.

A maior parte das vezes, quando esta unidade dinâmica se perde, quando o diálogo entre o corpo e o psiquismo é rompido, a pessoa desenvolve um sentimento de distância consigo mesma. Geralmente, nessas ocasiões, precipitamo-nos para o "psi", pensando que o problema tem origem na mente. Raramente pensamos, de forma espontânea, que esse estado possa ser proveniente de uma relação perdida com o próprio corpo. Reconstruir a relação com o corpo apazigua a pessoa em dificuldade e ajuda-a a reencontrar em si mesma um espaço de consciência e de confiança no qual ela poderá apoiar-se.

A Somato-psicopedagogia quer, então, restaurar a unidade, a ligação, entre o psiquismo e o corpo, entre o pensamento e o sentir, entre a atenção e a ação. Veremos que, graças à utilização de programas de enriquecimento sensorial, esta prática desenvolve toda uma gama de graus sutis da atenção e de habilidades perceptivas que permitem a cada um cuidar tanto a relação com o seu corpo como com a sua vida cognitiva.

Este processo dinâmico, progressivo, permite reconstruir referências interiores, encontrar novas capacidades de adaptação e, assim, ser menos "hesitante" relativamente aos acontecimentos e às situações vividas como difíceis.

Este livro propõe uma apresentação geral da Somato-psicopedagogia através do meu próprio percurso, já que, à maneira de Carl Rogers[8], servi-me de mim mesmo como instrumento de conhecimento. Esse será o objeto da primeira e segunda partes.

---

[8] Psicólogo americano (1902-1987), fundador da psicologia humanista, preconizava uma psicoterapia "centrada na pessoa", baseada na não diretividade.

A terceira parte apresenta os principais conceitos que estruturam a abordagem terapêutica e pedagógica, e a quarta parte, os principais domínios de ação da Somato-psicopedagogia.

Eu queria que este livro fosse acessível a todas as pessoas que desejem interrogar-se sobre o sentido da sua existência ou, muito simplesmente, a todas as pessoas perturbadas, pelo menos uma vez na vida, por esse sentimento surpreendente, mas, não obstante, incontornável: "O meu corpo sou eu".

Ao longo destas páginas, irei fundamentar a Somato-psicopedagogia na apresentação de casos clínicos extraídos da nossa prática. Recorri aos casos clínicos, muitas vezes, para ilustrar a minha conversa. Digo "nossa" porque a Somato-psicopedagogia foi e é, ainda hoje, uma aventura coletiva. A minha investigação foi alimentada tanto pela minha experiência clínica como pela dos meus colaboradores mais próximos. Na apresentação destes casos, utilizarei, conforme os casos, "eu" ou "nós", que implica remissão a esta aventura coletiva...

Primeira Parte

O EU RENOVADO

Nesta primeira parte, antes de abordar frontalmente o meu percurso e descrever como alcancei a formalização do procedimento da Somato-psicopedagogia, gostaria de colocar duas noções importantes, características de toda a psicoterapia: a noção de potencialidade, no primeiro capítulo, e a noção de inconsciente, no segundo. Isso me parece importante, tanto para evitar certos mal-entendidos sobre noções que, muitas vezes, consideramos evidentes, como para permitir ao leitor melhor situar a minha abordagem.

A questão da potencialidade será apresentada em relação com a noção de movimento interno, como a minha experiência me permitiu abordá-lo. Quanto à noção de inconsciente, será discutida em relação com o que defini como o impercepcionado.

1

A Potencialidade e a Descoberta do Movimento Interno

Primeira abordagem: a potencialidade

Numerosos psicólogos americanos, ao longo do século XX, interessaram-se pela noção de potencialidade: Allport, Goldstein, Fromm, Rogers, Maslow, Erikson... Criaram uma corrente – a psicologia existencialista ou humanista; afirmavam a prioridade da experiência sobre os conceitos e as abstrações e colocavam a questão de saber o que é o essencial no homem, a ponto que, se ele não o tivesse, não seria um homem, ao que chamariam potencialidade.

Mas o que é potencialidade? Pressentimos o que isso pode querer dizer, mas de que se trata verdadeiramente? Os psicólogos humanistas falam de uma força de crescimento que se dirige a um estado salutar, mas como abordá-lo concretamente? Para alguns desses psicólogos, ela representa o ser profundo, mas será que falar em ser profundo é mais exato?

A potencialidade humana é uma noção central da psicologia humanista. Uma potencialidade que vai na direção do belo, do melhor. A Somato-psicopedagogia adere a esse princípio, mas procura não ceder à miragem da utopia. Se está claro que cada indivíduo traz consigo todo o poder da vida, é necessário reconhecermos que a relação que cada um estabelece com a sua própria força interna de vida varia consideravelmente de um indivíduo para outro.

Vemo-lo em todos os dias na nossa prática: alguns entram muito rápida e facilmente em relação com a interioridade do seu corpo, enquanto outros têm necessidade de um longo trabalho para lhe poderem aceder.

Sintetizar as definições extraídas das diferentes correntes da psicoterapia faz aparecer a noção de uma "força interior" marcada pelo seu caráter movente, mutável, sensível, em oposição a tudo o que parece fixo, rígido ou sistemático; um princípio ativo movido por uma "vontade de saúde". Um princípio anterior às idéias de bem e de mal e que se enraíza no eu profundo.

Carl Rogers (2003) descreve a noção de princípio ativo da seguinte forma: "Um princípio de vida idêntico anima o indivíduo e o universo, criando neste o movimento, mediante um processo direcional que lhe é próprio".[9]

Essa força é, muitas vezes, descrita como grande parte inconsciente e atribuem-lhe um papel importante na regulação biológica e fisiológica do corpo humano. Ela parece não estar ao abrigo das dificuldades do mundo exterior ou das representações do indivíduo (educação, sociedade, cren-

---

[9] **Rogers** Carl, citado por **Dartevelle** B., *« La Psychothérapie centrée sur la personne »*, em *A quel psy se vouer ?*, M. Elkaïm (éd.), Seuil, 2003.

ças...); pode ser atingida na sua função dinâmica de suporte, de impulso, o que pode explicar o surgimento de doenças.

Essa descrição levanta outras questões fundamentais: que força natural é que propulsiona a vida? Podemos dissociar a doença do contexto cotidiano próprio de cada um? O homem pode gerir a sua saúde? Confrontada com o campo mental e emocional, a dinâmica vital pode conservar o seu ímpeto, essencial à vida organizada do corpo?

Essas questões não exigem respostas definitivas, mas fui levado a revisitá-las a partir da realidade tangível do movimento interno tissular que descobri.

A descoberta do movimento interno

"Quando somos osteopatas, nós o somos para a vida inteira", disse-me um amigo, quando entrei num período de dissidência relativamente ao modelo teórico da osteopatia. Com a distância, essa observação não me parece totalmente desprovida de verdade, já que foi, graças à osteopatia, que apreendi os mecanismos de auto-regulação ligados a uma animação interna tissular, e isso não se esquece.

Efetivamente, como esquecer Still, fundador da osteopatia, que defendia a idéia de que há no corpo uma "farmácia de Deus" e que encara a fáscia como o lugar de onde a saúde depende?

Como esquecer Sutherland, o fundador da osteopatia craniana, que descobriu a realidade do Mecanismo Respiratório Primário?

Lembremos que a fisiologia clássica define diferentes tipos de movimentos objetivos: movimento maior, movimento automático e movimento reflexo. Mas devemos à osteopatia a descoberta de uma quarta categoria de movimento: o movimento interno. Este se oferece sob a mão especialista do terapeuta na forma de uma ritmicidade interna estável que se exprime segundo uma cadência de 8 a 14 vezes por minuto.

Da osteopatia à fasciaterapia

Através do movimento interno, a osteopatia dirige-se à vitalidade que se exprime no corpo do paciente, mas, do meu ponto de vista, como tentarei defender, não leva suficientemente em conta a dimensão psicológica da pessoa, impregnada até o próprio tecido tissular.

Partidário de uma osteopatia funcional, que não utilizava as técnicas manipulativas estruturais[10], eu militava na época em favor da idéia de Sutherland: "Mais vale mobilizar uma força interna do que utilizar uma força externa, forçosamente cega".

Em seguida, surgiram terapeutas prestigiosos, entre outros Rollin Becker (1910-1996), que, privilegiando uma osteopatia suave, assumiram como ponto de honra nunca praticar manipulações. Porque não se manipula uma força de vida, estimula-se, redinamiza-se por um gesto humano: só a vida pode captar a vida!

---

[10] Designa as técnicas de manipulação clássicas em osteopatia, que agem sobre os bloqueios articulatórios.

Essa força interna, eu a explorava na totalidade do corpo dos meus pacientes, mais especificamente na fáscia. Que magnífico tecido o da fáscia! Onipresente no corpo, ele imiscui-se e insinua-se à volta e no interior de todas as estruturas anatômicas com o intuito de efetivar a unidade funcional do corpo.

Todavia, progressivamente, fui dando-me conta de que os parâmetros de animação interna que percepcionava não correspondiam aos descritos pela osteopatia. A partir desses dados comecei a desenvolver um novo conceito terapêutico, distanciando-me, de forma progressiva, do modelo osteopático.

Foi o começo da fasciaterapia... No princípio, desejava que este método fosse considerado como uma forma de osteopatia extremamente exigente. Com efeito, como já o tinha referido, Still e Sutherland tinham em grande estima a fáscia.

Quanto mais avançava nas minhas descobertas, mais me distanciava do modelo osteopata. Por uma disciplina constante e sustentada pela minha atenção nas manifestações internas extraídas do corpo dos meus pacientes, eu extraía o meu conhecimento dessa nova forma de movimento interno.

Este movimento parecia-me muito mais profundo e global, muito mais lento que o Mecanismo Respiratório Primário e era animado por uma ritmicidade de dois ciclos por minuto. Mergulhei numa atmosfera de lentidão tissular, que viajava no centro do corpo, tornava-se via de acesso a uma profundidade que eu não suspeitava.

Uma terapia que toca a pessoa

Simultaneamente, observava que existia uma ligação real entre o movimento interno e o estado psíquico da pessoa: consoante o estado psíquico e afetivo do momento. O movimento interno era mais ou menos dinâmico sob a mão, por vezes até, quando o problema era particularmente forte, o movimento interno desertava verdadeiramente o tecido. Eu podia agora, finalmente, antecipar esta hipótese ousada: o movimento interno participa não só da auto-regulação orgânica, fisiológica do corpo, como também da regulação psíquica da pessoa.

Constatava que todas as pessoas que experimentavam o movimento interno expressavam um sentimento muito forte de reencontro consigo mesmas, empregando termos como: "Tenho a impressão de voltar a casa"; "Nunca me senti tão próximo de mim mesmo"; "Parece-me que uma parte de mim que é realmente eu, que observa outra parte que não sou eu".[11]

As pessoas sentiam uma condição de bem-estar nova para elas, que as fazia conscientizar-se, por contraste, de uma ausência despercebida até então.

---

[11] Um estudo, realizado no centro de estudos e investigação aplicados em psicopedagogia perceptiva na Universidade Moderna de Lisboa (o CERAP), mostra que em 64 pessoas convidadas a responder a uma pergunta aberta: qual é a palavra que descreve melhor o estado vivido durante o tratamento? 48% das pessoas escolhem a expressão "presença a si mesmo", em segundo lugar falam em "profundidade" e, em terceiro lugar, as pessoas descrevem um "estado de felicidade".

No entanto, no momento em que as pessoas faziam a experiência, esse estado não lhes parecia totalmente estranho: "Tenho a impressão de já ter sentido este estado quando era criança". Ou ainda: "É familiar, é como uma redescoberta de um processo que já não estava presente, mas que não me é estranho".

O testemunho dos pacientes caminhava rapidamente em torno dessa vivência. Alguns eram capazes de precisar cada detalhe dos seus sentimentos, descrever as nuances mais ínfimas. Iniciavam-se trocas frutuosas em torno de questões existenciais. Cada pessoa tinha o seu próprio modo de testemunhar esse sentimento profundo, cuja descoberta tinha gerado por vezes grandes transformações no seu comportamento: "Quando estou neste estado, os fatores que me perturbam habitualmente não me atingem mais"; "Curiosamente, penso de forma diferente. Já não considero mais as coisas com o mesmo olhar".

Descobri, assim, que a relação consciente com o movimento interno oferecia uma espécie de parêntesis natural entre os problemas. Esta constatação não ocorreu sem suscitar certo número de questões existenciais: Qual é o fenômeno que impede a certas pessoas o conhecimento deste estado natural? Quais as situações que distanciam a pessoa de si mesma? Para lá desse questionamento, permanecia a vontade de investigar uma pedagogia que permitisse a um maior número de pessoas aceder ao bem-estar pela qualidade de relação.

O movimento interno tornou-se, progressivamente, o suporte principal da nossa abordagem psicoterapêutica, essencial do processo de transformação da pessoa. É por ele que a pessoa aprende acerca da sua interioridade e, como um bálsamo, alivia as rupturas de natureza inconsciente. O movimento interno tornava-se o mestre-de-obras da potencialidade.

Potencialidade e movimento interno

Alguns pressupostos de Carl Rogers sugerem fortemente que ele tinha a intuição de uma potencialidade encarnada no corpo, próxima da noção de movimento interno: "O fluxo de movimento pode ser visto como fato de 'energias' latentes, ainda não 'atualizadas'. O movimento traz em si, nas zonas superficiais, os freios e as inibições resultantes de condicionamentos anteriores, assim como os recursos vitais e criativos".[12]

Na nossa abordagem, a potencialidade é uma realidade tangível e perceptível no corpo, que pode ser em parte revelada à consciência graças a um procedimento específico. Ela deixa de ser um enigma para se revelar sob a forma do movimento interno encarado na sua função de princípio de renovação.

É uma força de mudança que conduz sempre a uma melhoria, um movimento interno no corpo que convida à modificabilidade cognitiva. Mais do que um conteúdo de competências à espera de ser ativado, é uma faculdade própria ao ser vivo, pelo qual ele capta este conteúdo e o sentido dos acontecimentos do presente e de se adaptar a eles.

---

[12] **Rogers** Carl, *Le développement de la personne*, Dunod, 1999.

Encarnar em si a potencialidade do movimento interno reclama um ato de consciência do pensamento, da vivência e da ação. Descobrimo-nos, com surpresa, portadores de uma capacidade de nos abrir sem medo a todos os possíveis...

Carl Rogers observava que todo processo de mudança implica uma movimentação de algo que está fixo, sistemático, repetitivo, para aceder a uma mudança de estado: "O continuum da terapia desenvolve-se a partir de um ponto fixo rumo à mudança, a partir de uma estrutura rígida rumo à fluidez, a partir de um estado de estabilidade rumo a um processo evolutivo. [...] Não será o estado patológico em si um estado estático? Ser-se a si mesmo é justamente aceder à mobilidade, à fluidez completa. A 'vida plena' é um processo e não um estado; é uma direção e não um destino".[13]

Reencontramos essa idéia no modelo de Gendlin[14], que evoca a dimensão de um processo de transformação interno em relação com mudanças de estado psico-corporais. No que me diz respeito, eu abordo a noção de movimento interno como uma animação da profundidade da matéria portadora de uma "supraconsciência",[15] constituindo um novo modo de conhecimento.

---

[13] Ibid.

[14] **Gendlin** E., *Focusing: au centre de soi*, Le jour, 1984. Este psicólogo, inicialmente discípulo de Rogers, introduziu a noção do "focusing", uma metodologia que visa à tomada de consciência das modificações internas do corpo.

[15] Palavra emprestada a Sri Aurobindo, deste modo define uma consciência movendo-se no seio da matéria.

Um novo modo de conhecimento

Desse novo modo de conhecimento nasceu a classificação dos diferentes graus de transformação do estado interior. Do mais superficial ao mais profundo, notamos mudanças de estado de natureza física, psíquica e sensível, segundo uma graduação dos graus de consciência que acompanham direto o processo de mudança interna.

Passamos, assim, de um estado de contração e de tensão física a um estado de relaxamento e de descontração, de um estado de hipertonia a um estado de tonicidade relaxada, de um estado de ansiedade a um estado de paz, de um estado de opacidade da consciência a um estado de clareza e, finalmente, de um estado de imobilidade a um estado de animação da matéria pelo movimento interno.

Quando todas as modificações de estado ligadas ao processo ativo do movimento interno são acompanhadas pela consciência, a pessoa penetra no mundo do sensível e torna-se capaz de seguir, diretamente, todo o processo que a aproxima do seu ser.

A potencialidade constitui o princípio em si do procedimento terapêutico da Somato-psicopedagogia: uma força evolutiva que leva o homem a sentir o seu corpo, a tornar maleável a sua matéria, a desenvolver a sua percepção e a enriquecer os seus pontos de vista.

O Eu Renovado:
Uma Potencialidade Atuante

Atualmente, a noção de Eu renovado sintetiza todas as etapas da minha investigação e ecoa na lição mais fundamental que aprendi acerca do diálogo tissular: quando a matéria corporal se renova na sua densidade, na sua tonicidade, nos seus eixos, influencia diretamente a maneira de ser de uma pessoa.

A noção do Eu, como a noção de potencialidade, é uma noção difícil de definir claramente nos seus contornos: o Eu ora faz referência à imagem de si ou ao esquema corporal, ora, preferencialmente, à noção de personalidade, ou, ainda, o Eu é definido em relação ao inconsciente... A noção do Eu é, então, difícil de discernir; damo-nos conta de que cada corrente psicológica possui a sua própria representação do Eu!

Segundo os modelos da psicologia, um Eu material engloba tudo a que o homem pode chamar de seu. Não somente o corpo, mas, ainda, as suas vestimentas, a sua casa, a sua conta bancária, outros tantos objetos que lhe proporcionam emoções. William James (1842-1910) é rigoroso, quando relata o lugar do corpo no seio deste eu material: "Vimos certamente homens prontos a renegar os seus corpos, a considerá-los como vestimentas, senão como prisões de lama de que se alegrariam escapar um dia.".[16]

Notamos igualmente um Eu social, no âmbito da consideração que a pessoa se atribui a si mesma e que obtém do seu meio. O Eu social define-se também na relação com as diferentes identidades e papéis profissionais que endossamos.

Na hierarquia dos Eus, o Eu psicológico é relativo a diversos graus de interioridade, freqüentemente assimilado ao pensamento ou à vida afetiva da pessoa. Por este Eu aparece a noção de personalidade individual: o homem reconhece-se diferente dos outros nos comportamentos e idéias que adota e veicula.

Alguns psicólogos, como W. James e A. Maslow (1908-1970)[17], definem também o Eu espiritual para traduzir a aspiração do homem a inscrever a sua vida numa trajetória de sentido. Assim, Maslow adianta: "O ser humano é feito assim, ele é impelido a procurar uma plenitude de Ser sempre maior".[18]

O Eu que interessa a nosso estudo é o Eu que sente, porque é simultaneamente sujeito conhecedor e sujeito que sente: "O eu só existe para si mesmo, enquanto se conhece; ele está inteiramente na sua percepção imediata"[19], dizia Maine de Biran. Distingue-se dos outros eus, enquanto um eu de

---

[16] **James** W., *Précis de psychologie*, Marcel Rivière Éd., 1924 (nova tradução, *Les Empêcheurs de Penser en Rond*, 2003).

[17] Psicólogo humanista americano, fundador da psicologia do ser.

[18] **Maslow** A., *Vers une psychologie de l'être*, Fayard, 1972.

[19] **Maine de Biran**, *Notes sur l'existence*, Œuvres complètes, T. IX-3, Vrin.

relação que toca as camadas mais profundas da interioridade do homem, na experiência pessoal, nas confidências corporais. O eu que sente não visa nada menos do que à análise da vida interior no que esta tem de mais íntimo, de mais misterioso e de mais inexprimível.

A primeira estupefação filosófica de Maine de Biran foi a de sentir-se existir: "Sinto-me existir, eu sinto que sinto". A metafísica positivista de Maine de Biran não faz somente apelo ao Eu conhecedor, associa-o ao Eu que sente: "Sentir-se a si mesmo não é mais do que realmente conhecer-se como pessoa que sente".[20]

Ao colocar a questão: "O que é o Eu?", implico-me nas instâncias mais pessoais e mais íntimas do ser humano. Definir as particularidades do Eu é consentir colocar a tônica sobre a qualidade da relação singular que o homem estabelece com a sua vida.

Não tenho, no entanto, o sentimento de ir contra a ciência, ao proceder a esta busca do eu. Considero que todo procedimento científico não pode ignorar o que emana da intimidade vivenciada. Ao afirmar isso, prolongo o ponto de vista de Maine de Biran sobre esta questão: "Se a existência do indivíduo é um fato íntimo, não seria científico ignorá-lo sob o pretexto de não o encontrarmos no mundo dos objetos conhecidos pelos sentidos externos".[21]

Desse modo, sinto-me interpelado pela tomada de posição de alguns investigadores em neurociências que reconhe-

---

[20] **Maine de Biran**, *De l'Aperception immédiate*, Œuvres complètes, T. IV, Vrin.
[21] Citado por **Gouhier** E., *Maine de Biran par lui-même*, Seuil, 1970.

cem já não ser possível ignorar a vida subjetiva do homem e que é tempo de pôr a funcionar novas metodologias para a sua apreensão.[22]

Para delinear o processo de transformação engrenado pelo eu que sente em relação ao movimento interno, proponho esta visão do Eu renovado: um eu que se constrói na base de relações vivenciadas e conscientizadas que a pessoa estabelece com o seu corpo, com as suas ações e com os outros.

Trata-se aqui, para poder percepcionar as tonalidades corporais de fundo, de possuir um "tato rápido", um "toque interior", dizia também Maine de Biran[23], que esteja apto a recepcionar todos esses fenômenos emergentes internos. "A estreiteza do campo de consciência, eis um dos caracteres surpreendentes da vida mental"[24], observava William James. É um fato que a atenção do homem está freqüentemente dispersa, "ausente de presença". Todavia, a aprendizagem perceptiva demonstra que não se trata de uma deficiência do órgão sensível, mas antes de uma ausência de capacidade de mobilizar a atenção para a natureza profunda do ser que anima a interioridade.

Não se trata também de um "eu representado", nem de um "eu ideal". É um eu do presente, plástico, já que tem

---

[22] Ver **Varela** F. e **Shear** J., (eds.), *The View from Within. First person methodologies*, Imprint Academy, 1999, e de **Depraz** N., **Varela** F., **Vermersch** P., *On Becoming Aware*, John Benjamins, 2003.

[23] **Maine de Biran**, op. cit.

[24] **James** W., op. cit.

a faculdade de renovar-se a todo momento e em todas as idades, ao contato com a experiência vivenciada e compreendida. Aqui, o "saber do corpo" é solicitado, percepcionado, revisitado pela percepção, operação que põe em jogo "o movimento das idéias". A noção de Eu renovado contém a idéia de uma possibilidade infinita de maneiras de ser.

Resumindo, coloca-se dessa forma o esboço movente de um eu renovado, quando quatro condições estão reunidas na pessoa: que o seu corpo seja habitado pelo movimento interno, que a sua consciência seja despertada ativamente à percepção desse movimento interno, que ela tenha acesso à vivência extraída do movimento interno, e que acompanhe plenamente o processo ativo de transformação veiculado pelo movimento interno.

2

O Inconsciente em Somato-psicopedagogia

Quando abordo a noção de potencialidade com os meus estudantes, quer seja a potencialidade de C. Rogers ou a que é transportada pelo movimento interno, quantas vezes não me foi colocada a questão da relação com o inconsciente! Rogers era firmemente contrário à noção de inconsciente freudiano; a potencialidade era, para ele, positiva por essência.

O encontro com o processo de transformação levado pelo movimento interno faz emergir na pessoa o que esta não pode ou não quer mudar. E esta resistência à mudança, lugar-comum da psicoterapia, é muito freqüentemente ligada à noção de inconsciente.

Eis as questões que precisamos elucidar, pois numerosos pacientes, apesar da variedade das abordagens psicoterapêuticas, chegam aos nossos consultórios com a idéia de que a causa do seu mal-estar tem origem forçosamente na sua primeira infância e que, ao expor os acontecimentos traumáticos inconscientes do passado, esse mal-estar psíquico vai desaparecer.

Esse pensamento é, por vezes, tão impregnado que evocar com eles a hipótese de que a origem do seu mal-estar possa encontrar-se num passado próximo e, nomeadamente, num acontecimento da vida adulta, suscita uma reação de incompreensão intensa.

Em todas as terapias, quer pela mediação corporal ou psíquica, é necessário assinalar as "convicções" do paciente, todos os *a priori*, as evidências e as crenças, que podem influenciar o decorrer da terapia. É um fato: se um paciente aderir à filosofia das reencarnações, é provável que testemunhe, no decurso da terapia, vivências que tenham o traço de vidas anteriores; se considerar que uma libertação psíquica deve ser forçosamente acompanhada por uma descarga emocional, ele irá provavelmente viver tal descarga.

Esse fenômeno é no mínimo perturbador e leva à interrogação: não haverá, nesse processo específico de ressurgimento das lembranças, uma parte do imaginário que se desenvolve a partir das crenças pessoais de cada um? Qual é a parte, naquilo que emerge até a consciência, do que pertence à realidade de uma vivência e do que pertence às representações do paciente? São essas as questões que devemos manter constantemente na nossa mente, quando o paciente se aproxima mais do seu presente corporal, o lugar que está mais protegido das suas crenças iniciais.

Ao apoiar-me na minha própria experiência, proponho alargar o leque dos processos suscetíveis de estarem na origem de um mal-estar: alguns deles dizem respeito efetivamente a acontecimentos recalcados, pertencentes a um passado longínquo; outros dizem respeito a acontecimentos recentes; outros poderão estar associados a fenômenos de antecipação, e outros não possuem nenhuma ligação com nenhum acontecimento em particular, mas consistem antes numa "fixidez do olhar", olhar congelado que colocamos sobre o mundo e as situações.

É a própria noção de inconsciente que talvez seja necessário revisitar à luz dos testemunhos dos nossos pacientes: não haverá outro inconsciente que não seja o recalcamento? Poderemos autorizar-nos a falar de inconsciente a propósito de acontecimentos conscientes, mas cujos efeitos não o são?

São algumas das questões que me proponho abordar sem pretender trazer respostas definitivas, mas com o objetivo de compreender melhor a organização da patologia nos nossos pacientes.

O inconsciente tem uma história

Antes de expor minha concepção acerca do inconsciente, é necessário lembrar que a noção de inconsciente, contrariamente a uma crença ainda hoje divulgada, não é uma descoberta da psicanálise. Ao longo do século XIX, o tema do inconsciente foi difundindo-se na filosofia e na cultura. No fim do século XIX, tinha-se tornado uma questão central, fortemente debatida pelos primeiros psicólogos experimentais.

Essa história foi esquecida durante muito tempo, mas, depois dos anos 1970, numerosos trabalhos voltaram a colocar essas questões na ordem do dia, como H. Ellenberger[25] ou M. Gauchet[26].

---

[25] **Ellenberger** H. F., *Histoire de la découverte de l'inconscient*, Fayard, 1975.
[26] **Gauchet** M., *L'inconscient cérébral*, Seuil, 1992.

Sem negar a amplitude das descobertas de Freud, Gauchet inscreve-se numa vasta corrente de investigação que se interessava pelos fenômenos do inconsciente; no cruzamento da filosofia, da psicologia e da recém-nascida psiquiatria.

É com o romantismo alemão do início do século XIX que a idéia de inconsciente toma amplitude em filosofia. Essa corrente rejeita a filosofia racionalista, procedente de Descartes (1596-1650), que identifica consciência e pensamento reflexivo e para a qual o corpo não passa de uma máquina.

Schopenhauer (1788-1860) fala, em 1819, da "força cega dos instintos que comanda a vida, o mundo e o homem". Para ele, os motivos conscientes dos nossos atos não são mais do que um pára-vento que esconde os nossos verdadeiros motivos. No seu grande livro, "O Mundo como vontade e como representação" (1846), como precursor de Freud, ele adianta que o instinto sexual tem um lugar preponderante nos fenômenos inconscientes. Ele explica a origem da loucura pela recusa, pela falta de vontade em admitir coisas que a ferem: "É nesta repugnância da vontade em deixar acontecer o que lhe é contrário que está a brecha através da qual a loucura pode irromper na mente". Alguns autores vêem aqui as premissas da noção de recalcamento.

Em 1869, Von Hartmann, discípulo de Schopenhauer, publica a sua Filosofia do Inconsciente, um estudo sobre o destino do homem, ao escapar à sua consciência. Ele acrescenta à noção de inconsciente na mente humana a de um inconsciente na vida corporal; haveria, segundo ele, um "psiquismo no organismo".

Mas foi Nietzsche (1844-1900) quem levou mais longe a idéia de inconsciente. Rejeitando o "privilégio que a consciência tem na filosofia ocidental", escreveu: "Não sabemos até que ponto somos profundamente desconhecidos e estranhos a nós mesmos".[27] O psiquismo, para ele, está em todo o corpo, na atividade incessante e inteligente dos órgãos, o que o levava a interessar-se pelos sonhos como via de acesso e de expressão do inconsciente.

Paralelamente a esses filósofos do inconsciente, a psicologia "fisiológica" do mesmo século XIX confrontou-se largamente com a noção de atividade inconsciente. Os primeiros estudos de fisiologia nervosa demonstraram que o cérebro é sede de numerosos fenômenos inconscientes, no que diz respeito à percepção, à memória ou à motricidade. Propaga-se, então, uma expressão para caracterizar essa atividade: a cerebração inconsciente.

Apoiando-se nesses trabalhos experimentais, os primeiros psiquiatras começaram a estabelecer ligação entre a atividade inconsciente e a patologia mental. No fim do século XIX, Charcot seria, no Hospital Salpêtrière (França), o pioneiro do estudo da histeria por meio da hipnose. Durante as sessões públicas (célebres), as mulheres sob hipnose profeririam por vezes a história de traumas antigos, desconhecidos por elas mesmas. Algumas ficavam curadas espontaneamente depois dessas sessões, outras não. Foi sobretudo inspirando-se nos trabalhos de Charcot, mas progressivamente dis-

---

[27] **Nietzsche** F., *Fragments posthumes, Œuvres Complètes T. X*, Gallimard, 1997.

tanciando-se deles, que Freud começará, alguns anos mais tarde, a assentar as bases da cura psicanalítica.

P. Janet (1849-1947), aluno de Charcot e um dos primeiros psicólogos franceses, supõe um inconsciente que assimila uma atividade automática. Para ele, o "ato inconsciente" tem todos os caracteres de um fato psicológico, exceto um: ele é sempre ignorado pela própria pessoa que o executa. Assim, ele postula a existência de uma segunda consciência a que chama de "subconsciente".

Freud retoma dos seus predecessores a noção de inconsciente e incorpora-o a uma modelização dinâmica do psiquismo. Rejeita muito rapidamente a noção de inconsciente fisiológico, para fazer do inconsciente um ator o tempo todo da vida psicológica ou psíquica[28]. O inconsciente é, na sua doutrina, o domínio dos desejos recalcados e das pulsões arcaicas. O seu conteúdo manifesta-se nos lapsos, nos atos falhos, nos esquecimentos, nos sonhos e nos sintomas.

Ele associa duas idéias-mestras: a importância das pulsões sexuais e o recalcamento na primeira infância. Desse modo, as neuroses em idade adulta terão como origem os traumas de infância.

Alguns discípulos de Freud opuseram-se a toda ou a uma parte da teoria do "mestre fundador".

Desse modo, Adler contestará dois dos pilares da teoria psicanalítica: a sexualidade infantil e o Complexo de Édipo. Segundo ele, o inconsciente é movido por uma força simul-

---

[28] O grande psiquiatra francês Henri Ey dirá que Freud transformou o adjetivo «inconsciente» em nome próprio «Inconsciente»!

taneamente negativa (o sentimento de inferioridade) e uma força positiva (o querer ser superior); segue-se uma busca de compensação que visa abafar o sentimento de inferioridade. Adler formula, assim, o que qualquer homem descobre quando toma consciência de que os seus pontos fracos influenciam o seu estilo de vida.

Jung vê o inconsciente como um conjunto de conteúdos psíquicos "que não atingiram o valor, a intensidade, que lhe permitiriam superar o limiar do inconsciente". Ele evidencia as relações complexas entre o consciente e o inconsciente: "Não há conteúdo da consciência que não seja inconsciente de outro ponto de vista e que não possa voltar a ser inconsciente". Distingue o inconsciente pessoal, que sobrepõe à noção de inconsciente de Freud, e o inconsciente coletivo, conjunto dos arquétipos idênticos em todos os indivíduos e que constitui um dos pólos de formação do ser humano.

Do inconsciente ao "impercepcionado"

Esse rápido percurso histórico quer mostrar que o inconsciente é uma noção eminentemente complexa, tendo dado origem a múltiplas correntes de pensamento, cada uma trazendo sua parte de verdade na compreensão do fenômeno.

Com vinte anos de experiência da terapia pela mediação corporal, escolhi considerar como inconsciente qualquer elemento que rodeia um acontecimento ou uma situação, independentemente do caráter consciente ou inconsciente do acontecimento ou da situação. Não é tanto o acontecimento ou a situação em si que me interessam do ponto de vista terapêutico, mas o que acompanha esse acontecimento ou situação: como o sentir, mais ou menos presente, ou ainda a relação que a pessoa estabeleceu com o acontecimento.

O meu material terapêutico é aquele de que o paciente tem consciência e de que toma consciência durante a sessão, o que é tornado consciente por intermédio do corpo: percepções novas, estados interiores, tonalidades, rememorações, significações, que surgem da vivência corporal.

Nisso, estou certamente mais próximo de uma caminhada fenomenológica interrogando o implícito no coração da experiência vivenciada, como o fazem Eugen Gendlin[29] e Daniel Stern[30].

É a razão pela qual prefiro, aliás, a palavra "impercepcionado" à palavra "inconsciente". O termo impercepcionado tem, aos meus olhos, o mérito de não fazer automaticamente referência ao contexto psicanalítico, mas de fazer, pelo contrário, claramente apelo à noção de percepção, diretamente ligada no nosso espírito na relação com corpo.

Este termo dá a idéia do caráter ativo que preside à sua constituição: a percepção como um processo ativo de apropriação de algumas informações em relação a outras. O processo de impercepção pode também ser muito ativo: a todo o instante na vida cotidiana ouvimos o que queremos ouvir, eliminamos o que nos perturba, sem nos darmos conta. Será que é tão inconsciente como o queremos acreditar?

---

[29] **Gendlin** E., op. cit.

[30] **Stern** D., *Le moment présent en psychothérapie*, Odile Jacob, 2003.

No entanto, se, com a noção de impercepcionado, o espírito do meu procedimento for respeitado, como necessário saber inscrever-se nas referências do paciente para que ele possa se compreender, entendo que: "impercepcionado" só pode ter sentido após ter realizado determinado percurso corporal, enquanto o "inconsciente" é compreendido – mesmo que mal – por quase todas as pessoas. Por esse motivo, utilizo alternadamente, na continuação do texto, os dois termos.

Um aspecto importante: o impercepcionado só me interessa como fator eventual de distanciação patogênica entre a pessoa e ela mesma, o que não é o caso, em determinada fase da vida, de todos os elementos inconscientes. Não partimos à caça dos impercepcionados em "todas as direções"; é a leitura do movimento do corpo que revela o momento e a orientação onde se pôr em busca de um impercepcionado.

A minha visão de inconsciente é assim compreendida: categorizei seis níveis de inconsciente: os *a priori* inconscientes, os esquecimentos fisiológicos, os segredos não expressos, a memória corporizada, o inconsciente recalcado psicanalítico e o inconsciente cognitivo.

Os *a priori* inconscientes

Quantas posições, certezas, opiniões temos, sem conhecer as motivações profundas? Por que pensamos isto, por que fazemos aquilo? As razões escapam freqüentemente ao nosso consciente. Trata-se de um primeiro nível de inconsciente que examinamos com o paciente.

Para ajudar o paciente a modificar uma postura que resiste aos *a priori* desvantajosos, o terapeuta convida-o a revisitar cada um dos seus pontos de vista, a reconsiderá-los, a fim de reinvestir o sentido das suas tomadas de posição. Ao fazer isso, oferece-lhe a oportunidade de identificar as opiniões que não lhe pertencem, mas que traz consigo como se fossem transplantes, que não aderem nele.

O paciente pode, assim, distinguir entre os seus *a priori* aqueles que valida de novo com toda a consciência e aqueles que merecem ser abandonados. Nessa primeira etapa do trabalho, acompanho-o na compreensão dos mecanismos que implicitamente servem de base às suas escolhas.

Os esquecimentos fisiológicos

O inconsciente não deve ser considerado como ancoradouro da patologia, mas também como salvaguarda para a saúde.

A vida tem uma sucessão de acontecimentos tão grande, por vezes previsíveis, muitas vezes imprevisíveis, que é indispensável conservar a mente livre para estar disponível a cada instante. Imaginemos que confusão, se todas as lembranças de uma vida passassem ao mesmo tempo na cabeça! A existência seria impossível. Felizmente, o esquecimento existe para apagar as marcas dos acontecimentos e de reações não necessários à gestão do presente. Ele permite fazer o luto das suas insatisfações, dissabores, sofrimentos, sonhos incompletos e queridos desaparecidos.

Se o esquecimento for fisiológico, resta-nos a resignação de que ele nos prive ao mesmo tempo de passagens importantes, felizes ou infelizes, da vida. Existem tempos fortes, anônimos, lembranças importantes apagadas que, no acaso de um encontro com um amigo de longa data, nas emanações de um perfume, ao som de uma música ou em contato com uma atmosfera, voltam subitamente à superfície da consciência e na profundidade do corpo. Quem nunca percebeu, numa curva da vida, quantas dessas reminiscências podem ser profundamente reparadoras, vindo preencher um vazio ou atualizar uma força que habitava um período da sua existência! O desaparecimento dessas lembranças felizes, em benefício das lembranças infelizes – cujo ressurgimento é freqüentemente privilegiado pela psicoterapia –, participa do desequilíbrio da percepção que a pessoa tem de si mesma e do mundo.

Não é raro que o trabalho efetuado em Somato-psicopedagogia, porque desenvolve a percepção de níveis do corpo ou de si adormecidos, reative lembranças felizes esquecidas que ajudam a pessoa a reconstruir-se. O terapeuta zelará sempre para que a pessoa esteja presente nas suas lembranças com a totalidade de si mesma, ou seja, tanto com a sua vivência corporal, quanto com a sua vivência e pensamento.

Os segredos não formuláveis

Alguns pacientes são, por assim dizer, "envenenados" na vida relacional, afetiva, profissional, por um acontecimento traumático que ligam à sua doença. Esse acontecimento, sempre presente como cenário, não é recalcado: é conhecido, mas calado, posto em surdina, durante vários meses, vários anos, por vezes, toda uma vida.

Que segredos jamais confiamos a alguém próximo e, em último caso, nem a nós mesmos?

Em certos casos, a pessoa teve várias vezes desejo de falar, de revelar o segredo à sua família, aos amigos... mas guardou silêncio em cada uma dessas vezes, experimentando por vezes um sentimento de vergonha, quando o trauma está ligado à sexualidade, por exemplo. Por mais que seja calada, a lembrança está lá e bate sem cessar à porta da consciência.

A minha experiência de psicoterapeuta mostra, muitas vezes, que um trauma do passado que permanece imóvel na esfera da consciência, fazendo o objeto de uma incapacidade ser verbalizado, pode ser mais devastador, no plano comportamental, do que um traumatismo recalcado. Os segredos não formulados são os maiores provedores do mal-estar.

É o caso de uma mulher jovem, com tendências depressivas, que conta ter surpreendido o pai, antes de morrer, suplicando à mulher que o perdoasse, enquanto ela respondia: "Não, nunca!"

Qual seria o terrível segredo que ligava esse homem à sua mulher e que haviam escondido da filha após a sua infância? Um segredo de tal modo imperdoável que, mesmo no leito de morte, não poderia ser perdoado...

Alguns anos mais tarde, em consulta, a mulher jovem relata a cena que havia testemunhado: "Desde muito novas, eu e a minha irmã, sentíamos que um mal-estar estava presente, contagioso. Eu tive o sentimento de carregar esse fardo até hoje". Após o falecimento do pai, falou no assunto à sua mãe que lhe respondeu que era um segredo que carregaria até o túmulo.

Durante a sessão, a jovem descobriu uma origem possível para a sua depressão: não seria uma depressão por "procuração", que pertencia mais à mãe que a ela mesma? Isso conferiu um sentido ao seu mal-estar e permitiu-lhe dar um grande passo para a resolução de seu problema.

Beatrice, de 76 anos, vem à consulta por um mal-estar persistente. Depois de uma sessão de terapia manual muito fecunda em novas sensações, entrega-se: "Quando eu era jovem, fui hospitalizada. Enquanto estava deitada, de mãos ligadas, um médico entrou no quarto e veio até mim, beijando-me na boca. Foi-se embora diante da minha reação de recusa. Desde esse dia, eu jamais aceitei ser beijada por alguém, incluindo o meu marido".

Beatrice nunca tinha falado com alguém sobre esse acontecimento nem compreendido o seu comportamento de recusa. Saiu da sessão pensando que era o momento de revelar sua história. Podemos imaginar que seu marido tenha encontrado um motivo que lhe permitisse compreender a sua situação de casal e talvez atribuir um sentido à sua problemática...

Nesses exemplos, o acontecimento não foi recalcado; estava claramente presente na memória da paciente, que nunca tinha conseguido expressá-lo, nem mesmo ao marido, aparentemente muito compreensivo.

Quando o paciente, graças à empatia com seu terapeuta, revela o segredo que nunca revelou a alguém, é necessária muita prudência, pois, por vezes, o pseudo-equilíbrio em que se instalou repousa em parte sobre o segredo não revelado. Ele acabou por se adaptar, até mesmo adaptar a sua vida, em torno desse segredo.

Estamos numa zona de fronteiras imprecisas, entre o que é inconsciente e o que é consciente, sem o querer ver. Não se trata de recalcamento no sentido estrito do termo, mas de um jogo dinâmico e contraditório entre vontade de "fazer sem" esta informação e força de sobrevivência que não se quer fazer esquecer.

Existe, dessa forma, uma quantidade de situações ou de acontecimentos que jazem adormecidos num lugar de nós mesmos, que não são colocados fora da consciência, mas para com os quais nos insensibilizamos e dos quais não damos sentido.

Assim, estabeleço uma grande diferença entre essas duas situações, freqüentemente confundidas: uma coisa que é calada, porque não é sabida (o inconsciente), e uma coisa que é sabida e ainda assim calada (um consciente não revelado). É um dos eixos da minha abordagem terapêutica permitir ao paciente fazer o inventário dos fatos de consciência não ditos, não expressos, não formulados, antes de procurar fatos inconscientes.

A memória corporizada

O corpo está no centro do nosso processo de investigação. É ele que permite ligar o indivíduo ao sentido dos acontecimentos da vida, que é o campo da atualização, no presente, da vivência de um acontecimento passado. É a tonalidade corporal que cria a ponte entre o presente e o passado.

Ao longo da vida o ser humano é tocado pelos acontecimentos. Tudo o que ele viu, ouviu, percepcionou, sentiu, pensou, instalou em si um estado particular, uma coloração original. Todas essas ressonâncias acabaram por gerar mudanças, por afetar o estado emocional e afetivo. O corpo está embebido de tonalidades adormecidas, prontas a serem reativadas ao sabor de um encontro terapêutico.

Essas tonalidades estão, por vezes, associadas a situações positivas. Existem, por exemplo, promessas que nos fizemos em determinado período da vida, que, não cumpridas, deixam, inscrita no corpo, uma marca indelével: o paciente acredita tê-las esquecido, mas o seu corpo traz consigo a memória dessa infidelidade. Ao reencontrar a lembrança, em toda a sua tonalidade, ela volta a conectar a pessoa com seu "mapa da estrada" e põe-na a retomar o seu projeto de vida.

As tonalidades adormecidas no corpo podem também, muito freqüentemente, estarem ligadas a traumas que suscitaram uma reação de insensorialização e insensibilização. Quando a mão de um terapeuta treinado pousa "num" corpo, percepciona zonas imóveis, partes que se tornaram densas, nós que parecem conter uma sensação de gelo; como se o corpo fosse constituído por extratos, alguns fossilizados, gelificados, anestesiados.

Essas imobilidades, não apenas físicas, são o fruto de uma estratégia global de recusa de sofrimento face ao trauma. O corpo não expulsa o trauma, mas o põe numa espécie de câmara fria no interior de si, em locais inacessíveis. Algumas partes do corpo deixam-se imobilizar, apagar, para escamotear o sofrimento ligado ao trauma.

A sensação e o afeto associados ao acontecimento, mesmo nas suas componentes positivas, caem no esquecimento:

a pessoa tornou-se indiferente ao que se passou. Como se uma distância de defesa, de evitamento se tivesse instalado entre ela e o seu corpo, entre ela e as suas emoções. Sente-se o vazio, vazio de si, vazio de sentido. Quando a mão volta a pôr em movimento a imobilidade, liberta a vivência que se encontrava prisioneira no corpo e, no momento em que o corpo atualiza, o paciente compreende que essa vivência se assemelha a uma lembrança que pode vir à tona.

Durante um tratamento, Roger, 55 anos, sentiu um estado que o colocou num instante em contato com uma lembrança precisa da sua infância. Após o tratamento, teve a necessidade de verbalizar as suas sensações: "Em determinado momento do tratamento, senti no meu corpo uma atmosfera que me lembrou as crises de cólera que o meu pai infligia à minha mãe. Reconheci a mesma tensão; tenho a nítida sensação de que a tensão que tenho freqüentemente no meu corpo vem daí".

Remobilizar a memória sensorial do acontecimento, preencher a distância entre o soma e a psique, entre a pessoa e a sua vivência corporal, eis a nossa prioridade terapêutica. Constatamos que mesmo a rememoração de um acontecimento traumatizante é totalmente aceito, quando o gosto de si, desaparecido no momento do choque, torna a investir o corpo nesse instante do presente. É o sabor de si reencontrado que cicatriza a ferida.

A história de Lucie é interessante, porque mostra que o processo de reintegração da vivência de um acontecimento, em todos os seus componentes, "negativos" e "positivos", pode fazer-se em várias etapas, até restaurar a integridade do sabor de si.

Lucie tem 52 anos e, faz dois anos, é acompanhada em Somato-psicopedagogia. Numa das primeiras sessões, o terapeuta dirige-se à região cervical, portadora de eixos de imobilidades muito ancorados. No decorrer do tratamento, Lucie sente esses eixos tão claramente que tem o sentimento de ter a cabeça totalmente inclinada sobre o ombro, como se tivesse o pescoço partido "em dois pedaços". De forma surpreendente, essa sensação, que poderia parecer desagradável, proporciona-lhe alívio intenso. Parece sentir-se finalmente compreendida: pelo toque, o terapeuta valida uma postura de angulação que ela sente permanentemente. No mesmo momento, ela revive com precisão e requinte de detalhes uma queda de balanço quando tinha seis anos. Lucie reencontra, em sensação corporal, aos seis anos, as diferentes etapas da queda e os sentimentos que a acompanharam: medo de morrer, medo da reprimenda, culpabilidade e, acima de tudo, um profundo sentimento de abandono.

Essa sessão permitiu a Lucie compreender que as diferentes partes do seu corpo que a faziam sofrer há muito tempo estavam ligadas pela mesma história: o pé, a anca, o pescoço. A paciente compreendeu que o seu sentimento permanente de insegurança repousava, em parte, sobre a idéia segundo a qual a morte pode surgir em qualquer momento, deixando-nos sós diante de nós mesmos.

Dois anos e muitas sessões mais tarde, Lucie descobre a continuação da história no decorrer de uma sessão de movimento gestual que pratica regularmente sozinha em casa. Um movimento pôs de novo em contato com uma restrição no nível cervical, mas, desta vez, a sensação desencadeada leva-a a refazer inversamente o caminho da queda, até se encontrar empoleirada no balanço de onde havia caído e impregnada pela felicidade que a habitava naquele momento. Essa experiência coloca-a de novo instantaneamente em contato com a plenitude interrompida pela queda, como se se reconectasse consigo própria, com a parte de si própria feita de confiança e indiferença próprias da infância.

No método que proponho, os sentidos corporais são constantemente reativados, com eles reconstrói-se uma memória viva, atualizada. O tempo e o espaço vestem-se de um sentir, que servirá de base ao processo de memorização corporizada: "Quando se lembra de determinado acontecimento, o que sente no corpo?" Os pacientes, na sua grande maioria, sentem-se surpreendidos ao reviver no seu corpo a tonalidade de sensação do acontecimento de que se lembram e que ocorreu por vezes vinte anos antes.

O inconsciente recalcado

O recalcamento, no sentido freudiano, é o mecanismo segundo o qual são repelidos para fora da consciência acontecimentos traumatizantes ou pulsões inaceitáveis durante a primeira infância. Na idade adulta, a pessoa ocultou totalmente o acontecimento traumatizante. No entanto, segundo Freud, trauma recalcado é gerador de sintomas e de esquemas comportamentais do adulto.

A revelação do objeto do recalcamento faz-se geralmente, segundo a teoria psicanalítica, sob a forma de produções imaginárias, simbólicas, enigmáticas. A decodificação dessas mensagens utiliza uma leitura própria do modelo psicanalítico.

Como já precisei, não me dirijo a essa forma de inconsciente. A minha escolha terapêutica é procurar diretamente na matéria corporal a vivência que desapareceu no recalcamento e que proporcionava ao gosto de si mesmo. Esse processo de dessensorialização não está reservado à infância; mas é executado por qualquer adulto confrontado com uma circunstância na qual uma informação, um acontecimento ou uma situação são suscetíveis de apresentar perigo para o equilíbrio psíquico da pessoa.

Alguém pode recalcar uma informação que abale gravemente as suas convicções. É o caso de Juliette, 43 anos, em terapia há vários anos. No decorrer de uma consulta, o terapeuta lembra-a de uma tomada de consciência importante cerca de dois anos antes e que tinha desencadeado nela uma forte reação corporal, quase um mal-estar. "Não, não me lembro absolutamente de nada desse episódio", diz ela ao terapeuta que tinha testemunhado a situação.

Encontramos esse mesmo fenômeno na vida cotidiana sem qualquer caráter traumatizante. No decorrer de uma simples discussão, diante de uma informação nova que necessitaria, para ser compreendida, que mudássemos de opinião, preferimos freqüentemente ocultar essa informação: não a ouvimos e isso, inconscientemente. Quem nunca teve o sentimento de que o seu interlocutor não queria ouvir o que lhe diziam? Quem nunca viveu a situação "Mas eu lhe disse ontem!", recebendo como resposta: "Não, nunca me disse!"

O inconsciente cognitivo

Podemos juntar à lista dos "ângulos mortos" da consciência o inconsciente cognitivo, estudado pelas neurociências, que recobre o conjunto dos processos cerebrais não acessíveis à consciência. Essa idéia, emergindo ao longo do século XIX, é, hoje, objeto de intensas investigações[31].

Entre os mecanismos constitutivos do inconsciente cognitivo, alguns são fisiologicamente inconscientes: assim acontece com algumas etapas do tratamento da informação, quando uma imagem que observamos é decomposta em sensações de formas e cores elementares, tratadas separadamente por diferentes zonas do córtex cerebral, para em seguida serem associadas ao nível de outras áreas e chegar à nossa consciência sob a forma de uma imagem reconstituída identificável.

Outro exemplo é a quantidade de cálculos que os nossos neurônios realizam enquanto, tranqüilamente, estendemos a mão para agarrar uma garrafa: em que nível está a garrafa cheia? Segundo as nossas experiências anteriores, quanto pesa ela? Que força muscular será necessária para levantá-la? Que tipos de contração são necessários enviar aos músculos para que a operação seja bem-sucedida?

É evidente que essas etapas intermediárias de fragmentação, codificação e decodificação da imagem ou da ação são inconscientes e permanentes: de que serviria a nossa mente ser estorvada por essa "culinária" interna do córtex?

Em compensação, existem informações que, desempenhando um papel na intimidade do nosso cérebro e bem reputadas como inconscientes, poderiam aceder à consciência.

---

[31] Ver a obra completa de **Buser** P., *L'inconscient aux mille visages*, Odile Jacob 2005, e o artigo de **Jeannerod** M., "*Le traitement conscient et inconscient de l'information perceptive*" *Revue internationale de psychopathologie*, n. 1, 1990.

Grande parte das nossas aprendizagens motoras constitui um saber implícito: por exemplo, "sabe-se" andar de bicicleta, mas não se sabe explicitar este saber, isto é, verbalizar como é feito[32].

Acontece o mesmo com algumas informações perceptivas: os cientistas afirmam que existe muito mais a percepcionar do que o que o indivíduo percepciona realmente. Tudo se passa como se o cérebro percebesse, mas a pessoa não. Todos já reparamos que, ao mergulhar numa leitura apaixonante, não mais nos damos conta do mundo que nos rodeia. Trata-se tanto de inatenção perceptiva quanto de inconsciente, já que as informações estão lá, disponíveis, e são utilizadas pela pessoa de forma implícita, quando a necessidade se faz sentir.

O mesmo princípio de desatenção aplica-se às informações perceptivas que o corpo transmite ao cérebro durante o gesto. O cérebro percepciona essas informações (que lhe permitem saber, a cada instante, como está posicionado o corpo no espaço), mas a pessoa não as percepciona espontaneamente. As neurociências apresentam essa "inconsciência" como um fato fisiológico. No entanto, a experiência da Somato-psicopedagogia mostra-nos que um treino específico da atenção permite à pessoa tornar-se consciente, em pouco tempo, dos novos elementos perceptivos. As sensações interiores novamente percepcionadas são fundamentais para o sucesso do processo de transformação, na medida em que proporcionam uma consciência de si mais penetrante; elas constituem um verdadeiro saber suscetível de alimentar o nosso sentimento de existência e participar do nosso equilíbrio psíquico.

---

[32] **Buser** P., op. cit.

Segunda Parte

O CORPO FALA

A Somato-psicopedagogia é construída a partir da minha experiência de campo. Assim, nesta segunda parte, descrevo o meu percurso, desde a minha prática em osteopatia até a concepção da entrevista verbal, para dar a compreender ao leitor o meu processo experiencial. Uma experiência rica em descobertas e confrontações. Cada descoberta, cada confrontação, contribuiu para a emergência do processo de transformação perceptivo-cognitivo.

1

O Diálogo Tissular

Como qualquer osteopata que se preze, eu manipulava uma vértebra, um cotovelo... e pensava deter uma "verdade articular". Com a fasciaterapia, introduzia a abordagem manual do tecido; com a abordagem do movimento interno, tratava a pessoa na sua globalidade e pensava que isso era suficiente para resolver uma problemática psíquica. Alguns anos de prática fizeram-me entrever os limites de tal postura. Introduzi, então, a noção de diálogo tissular.

Quando a mão do terapeuta segue o movimento tissular, estabelece-se um verdadeiro diálogo entre o terapeuta e o sensível do corpo, um diálogo fundado numa linguagem silenciosa, que abrange duas fases: a primeira, dinâmica, consiste num acompanhamento manual metódico das diferentes orientações e amplitudes do movimento interno do tecido; a segunda corresponde ao "ponto de apoio", significa pausa, paragem circunstanciada do movimento interno, aplicado no local exato, no momento certo, com pressão adequada. O ponto de apoio é o instrumento essencial da minha abordagem terapêutica, que permite mobilizar todas as forças de regulação orgânicas e psíquicas da pessoa, um momento intenso que solicita uma reflexão interna tissular, palpável sob as mãos.

Podemos dizer que o estado do corpo reflete o estado do psiquismo e que o estado do psiquismo reflete o estado do corpo; estamos em presença de um único sistema que funciona de maneira unificada. Desse modo, quando tocamos um corpo, não tocamos apenas um organismo, mas uma pessoa na sua totalidade; não nos dirigimos a um coração, a um fígado, a um osso, mas a um ser vivo, com seus medos e com sua potencialidade.

Assim como é possível a um psicanalista descobrir na linguagem verbal do paciente a emergência de resistências psíquicas, é possível a um somato-psicopedagogo descobrir pelo diálogo tissular resistências reveladoras de conflitos internos: a respiração fica bloqueada ou amplia-se, a pulsação acelera, aparece a vasoconstrição. Quando o conjunto do sistema neuro-vegetativo reage, a pessoa tem frio, por vezes, vira a cabeça como se quisesse libertar-se da resistência, abre os olhos ou começa a falar; sob a mão do terapeuta, a resposta ao ponto de apoio começa a estagnar.

Ao contrário, quando a escuta manual é de qualidade, aparecem, no nível do tecido, orientações que se libertam, pulsionadas pelo movimento interno.

Da mesma maneira como a entrevista verbal tenta possibilitar ao paciente encontrar soluções inovadoras para a sua problemática no nível dos pensamentos e atos, revela vias de passagem inéditas no centro do corpo que influenciam o pensamento e a ação da pessoa.

As primeiras analogias com a entrevista verbal

Os meus primeiros passos na não-diretividade foram inspirados pela experiência do acompanhamento dinâmico livre tissular. O movimento interno "sabe para onde vai", manifesta uma vontade de ir espontaneamente no sentido da resolução da problemática. Quando a mão do somatopsicopedagogo acompanha este processo dinâmico, sem desviar-se da trajetória ditada pelo movimento interno, lembra fortemente a escuta não diretiva verbal de Carl Rogers.

Constatei que é necessário, às vezes, deixar a atitude de não-diretividade, no caso de "mutismo tissular", ou seja, quando nenhuma linguagem interna se exprime. Convém, então, praticar uma "restituição manual", propondo um toque ativo para sair do bloqueio e restabelecer o diálogo.

O próprio C. Rogers sabia bem quando era necessário rever a sua metodologia. Ao ler os relatórios de algumas sessões, damo-nos conta de que a necessidade de ultrapassar um bloqueio na entrevista o levava para além da não-diretividade. Ele descrevia as intuições emergentes que o levavam a interrogar o seu cliente: "Elas são raras, mas contribuem quase sempre para o progresso da terapia. [...] As minhas respostas não são o fruto de uma elaboração consciente: simplesmente, surgem em mim, enraizadas na minha percepção não consciente do mundo do outro".[33]

Mas Rogers não parece ter formalizado esse procedimento que pertencia apenas a ele.

---

[33] **Rogers** C., *L'approche centrée sur la personne*, op. cit., capítulo X.

A diretividade informativa

Para ultrapassar estes bloqueios, desenvolvi o princípio da diretividade informativa, intervencionista, mas que tem a vantagem não só de acelerar o processo de resolução, como também de fazê-lo emergir quando este não aparece por si mesmo. Desse modo, quando o diálogo tissular entra numa fase de estagnação, a mão do somato-psicopedagogo desencadeia uma reação interna, ao propor ativamente "informações tissulares" inéditas, em torno das quais o corpo procura um novo alinhamento e novas capacidades.

É, então, que o impulso de vida, mantido até então à distância, mobiliza-se para romper esse mutismo tissular. É em busca dessa potencialidade, de que fala C. Rogers, que vamos: "O fluxo de movimento pode ser visto como fato de 'energias' latentes, ainda não 'atualizadas'. Ele traz em si, nas suas zonas superficiais, os travões e as inibições resultantes de condicionamentos anteriores, mas também de recursos vitais e criativos".[34]

Na mediação corporal, o terapeuta é confrontado permanentemente com dois discursos: o da pessoa, com as suas expectativas, implicações psíquicas e afetivas, representações e crenças, e o do corpo, feito de movimentos, imprevisibilidade, imediatez, intensidades, tonalidades...

Existem, por vezes, divergências entre essas duas naturezas de discurso. Um paciente pode manifestar verbalmente

---

[34] **Rogers**, *Le développement de la personne*, op. cit.

uma grande vontade de curar-se, enquanto seu corpo apenas oferece poucos impulsos salvadores.

Essas divergências não são espontaneamente percepcionadas pela própria pessoa porque, na maioria dos casos, ela ignora essa escuta dos fenômenos internos. É possível revelá-la, propondo alguns exercícios: por exemplo, pedindo que pouse as mãos sobre as do terapeuta e aplique a pressão e a amplitude que gostaria que lhe fossem aplicadas. Acontece muitas vezes que a pessoa não é capaz de se oferecer a pressão adequada, correspondente à sua necessidade profunda.

Perceber a necessidade do corpo exige muito treino. Felizmente, o terapeuta, graças à experiência que adquiriu na escuta interna, capta essa necessidade silenciosa do corpo. É a partir dela que a pessoa pode tomar consciência de que o seu corpo tem exigências de saúde que ela ignora.

Classificamos assim três níveis de escuta na entrevista verbal: a escuta do que é dito, a escuta do que é dito implicitamente e a escuta do que não é dito. Se os dois primeiros níveis de escuta são facilmente compreensíveis, o terceiro surpreende: como podemos escutar o que não é dito? A resposta nos é dada pela leitura da linguagem tissular. A capacidade de captar o que não é dito é dada pelo treino cotidiano de escutar a linguagem tissular. Quantas retenções, bloqueios, são imobilizadas no corpo e "gritam" sem que o mínimo eco alcance a consciência da pessoa?

Refletindo sobre a questão, eu não poderia deixar de colocar a seguinte questão: será necessário despertar certo grau de consciência, para que a pessoa escute o eco dos não-ditos corporais? Trata-se de uma questão ética que é necessário abordar sempre com muita prudência.

Quando os critérios de aceitação, solidez e adaptabilidade psíquicos e afetivos da pessoa parecem reunidos, é pertinente criar as condições de abertura do seu campo perceptivo de modo que dê acesso à natureza dos não-ditos. Em contrapartida, quando o paciente não apresenta solidez suficiente, mais vale escolher a via da progressividade que lhe permite avançar, respeitando o seu próprio ritmo.

Uma psicoterapia é eficaz quando a pessoa diz o que nunca disse e, por vezes, o que nunca tinha pensado; ela descobre questões sobre si até então escondidas. Mais do que nunca, o pressuposto de C. Rogers, "A pessoa vem para falar dos seus problemas e acaba por fazer a experiência de si mesma"[35], adquire sentido na nossa abordagem. Aqui a pessoa faz a experiência de si mesma pelo diálogo tissular.

Eu tinha identificado um lugar de expressão: o corpo, ou melhor, o organismo escutado na sua totalidade; tinha à disposição da minha percepção um tempo: o imediato, que traz consigo um princípio criador e, desse modo, uma força de resolução do problema; eu também tinha uma consciência capaz de apreender a vivência corporal, enfim, um movimento interno capaz de oferecer uma orientação de libertação física e psíquica. Era nesse contexto que o ponto de apoio intervinha, como espaço de solicitação, facilitando a força de regulação do organismo e do psiquismo.

Por outro lado, eu encontrava, nas propostas de Rogers, concepções próximas das minhas descobertas, provenientes

---

[35] Ibid.

do diálogo tissular interno. Quando ele adota a imagem de uma "vida plena", caracterizada pela direção positiva que o organismo toma inteiramente, se for psicologicamente livre para ir aonde quiser.

Rogers observa que, quando um cliente começa a aceitar-se cada vez mais como é, "na retidão desse eu de novo vivenciado, o seu comportamento modifica-se positivamente. Ele começa a dar-se conta de que já não precisa ter medo da sua vivência, mas de que pode acolhê-la livremente como parte integrante de um eu que se transforma e progride".[36]

Ocorriam analogias surpreendentes entre as conclusões que eu tinha tirado do diálogo tissular e as de Rogers em sua prática das entrevistas; mais particularmente, no que diz respeito à atitude que o terapeuta deve respeitar. Eu definia na época essa atitude como devendo ser simultaneamente neutra e ativa: neutra, para permitir a expressão do movimento interno, e ativa, para permitir libertar-se das resistências tissulares, opondo-se à sua expressão. A fase de neutralidade cumpria-se quando a mão do terapeuta acompanhava o fluxo contínuo do movimento interno, e a fase ativa no ponto de apoio que confrontava o paciente à sua própria resistência e o incitava a mobilizar todos os seus recursos pessoais para ultrapassar essa resistência.

---

[36] **Rogers** C., *L'approche centrée sur la personne*, Randin, 2001.

2

A Linguagem Gestual

Até então, o paciente confiava a sua linguagem interior à confidencialidade tissular, uma linguagem silenciosa, mas também invisível para aquele que observa do exterior. Meu questionamento na época foi: como possibilitar a uma pessoa expressar essa linguagem silenciosa?

Pensei que seria necessário expor ao mundo exterior os desafios do mundo interior. Assim, introduzi a linguagem gestual. Graças a movimentos muito simples (descritos mais adiante), os pacientes eram postos em relação com uma parte de si mesmos que, até então, escapava à sua atenção. Testemunhavam freqüentemente as mudanças que uma sessão daquele gênero provocava sobre o seu modo de pensar: "É como se eu dirigisse um novo olhar sobre os meus pensamentos", diziam-me freqüentemente.

Já o prevíamos, não é um movimento habitual que pode dar tais resultados. O gesto lento pareceu-me muito depressa como a primeira condição para desenvolver a percepção do corpo, as pessoas percebiam instantaneamente a diferença entre o prazer que desencadeia um movimento lento e aquele que nasce de um movimento realizado à velocidade normal. Testemunhavam: "É claro, se eu não me mexer lentamente, não percebo o que vai surgir, nem sequer percebo o que se desenrola no meu gesto". Ou ainda: "É a primeira vez que sinto verdadeiramente a distância percorrida pelo meu braço...".

Essa descoberta é por si só motivo de espanto ditoso para o paciente, mas não era mais do que uma primeira etapa da exploração dos efeitos da gestualidade executada na lentidão.

Num plano mais prático, eu procurava compreender como, pelo gesto vivenciado, seria possível jogar com a liberação das tensões corporais produzidas por forças físicas ou psíquicas opostas; como, na alquimia pessoal resultante da percepção dos graus de tensão tônica, era possível aceder a "algo" de íntimo que se desenvolveria até o gesto visível.

Percepção cinestésica e consciência de si

A percepção cinestésica[37] tornou-se o centro da minha análise, como o suporte de uma relação consigo mesmo, rompendo o círculo infernal de um corpo considerado como uma máquina e de um movimento visto apenas na sua função utilitária[38].

Destutt de Tracy (1754-1836), colega e amigo de Maine de Biran, adiantava na sua obra "Mémoire sur la faculté de

---

[37] Percepção em relação com o movimento físico.

[38] Descrevi esse percurso filosófico em *Le Sensible et le Mouvement*, éditions Point d'appui, 2001.

penser": "Assim, a faculdade de fazer um movimento e de ter consciência deste é uma espécie de sexto sentido, e o único que nos faça sentir a relação que existe entre o nosso eu e os objetos exteriores".[39]

Os investigadores perseguiram esta "espécie de sexto sentido" durante muito tempo. Atualmente, é comprovado que existe um suporte fisiológico e neurofisiológico para este sexto sentido, a propriocepção, da qual J.-P. Roll e outros se tornaram brilhantes defensores.[40] A função fisiológica é o suporte de uma identidade orgânica, profunda: um sentimento de si mesmo encarnado[41].

Acontece que o movimento participa plenamente da vida relacional. Desde a primeira infância, a motricidade contribui ativamente na construção da representação de si mesmo, do outro e do meio ambiente, no processo das aquisições cognitivas, bem como instauração da relação com o outro[42]. É pelo movimento que a criança experimenta as suas primeiras trocas, constitui as suas emoções e constrói as suas próprias referências.

---

[39] **Destutt** de Tracy, *Mémoire sur la faculté de penser, Corpus des Œuvres françaises*, Fayard 1992.

[40] **Roll** J.-P. "*Le sentiment d'incarnation : arguments neurobiologiques*", *Revue de médecine psychosomatique*, n° 35, 1993 ; e "*Physiologie de la kinesthèse. La proprioception musculaire : sixième sens ou sens premier ?*", Intellectica, n° 36-37, 2003.

[41] **Sacks** O., "*La femme désincarnée*", *dans L'homme qui prenait sa femme pour un chapeau*, Points Seuil, 1992 ; et **Berger** E., *Le mouvement dans tous ses états*, éditions Point d'appui.

[42] Cf. os trabalhos de Piaget, Wallon... Ver **Lécuyer** R., **Pêcheux** M.-G., **Streri** A., *Le développement cognitif du nourrisson*, Nathan Université, 1994.

Mesmo na idade adulta, sem o movimento, todas as formas de comunicação – a escrita, a verbalização, a linguagem corporal – não seriam possíveis. O movimento participa assim, plenamente, da expressão de si mesmo. Com as palavras de Merleau-Ponty: "Toda percepção e toda ação que a supõe, enfim, todo uso do nosso corpo constitui já uma expressão primordial".[43]

No entanto, essa realidade essencial não é reconhecida em toda a sua importância. O movimento muda de estatuto, torna-se utilitário, suporte de performances físicas, e as suas funções de aprendizagem e de expressão são relegadas para segundo plano. O objetivo do nosso trabalho gestual era, precisamente, restaurar essa relação íntima da pessoa com o seu próprio corpo.

A "dança" do movimento e a sua leitura

Na prática, os movimentos propostos à pessoa são de algum modo desencadeadores de "verdades internas", e é necessário acompanhar delicadamente as fases de mutação que seguem a integração dessas novas referências.

Muitas vezes, a pessoa começa a mudar, mas ainda não o sabe: o processo de transformação está no início, mas o paciente ainda não lhe sente plenamente os efeitos. Convém darmos ao paciente ocasião para manifestar os seus progressos para que tome verdadeiramente consciência do seu processo.

---

[43] **Merleau-Ponty**, *La prose du monde*, TEL, Gallimard, 1969.

Pôr o cliente em situações expressivas é importante e lhe possibilita exteriorizar seu novo estado numa produção visível e audível. O gesto pode ser acompanhado por uma música escolhida para provocar um estado de alma. Ainda hoje, fico comovido ao ver nos olhos de um paciente a admiração, a surpresa do retorno à estima de si mesmo, quando aquilo que produziu lhe pareceu sincero, profundo, autêntico.

Para simplificar a tarefa das pessoas principiantes na prática do gesto, criei um conjunto de movimentos codificados que lhes oferece referências seguras que visam facilitar a expressão e o retorno à interioridade[44].

Uma vez que a forma do movimento codificado tenha sido bem integrada, a pessoa pode lançar-se às figuras livres, em ligação com a força do movimento interno. Assim, o "bailarino" em embrião aventura-se numa coreografia livre que descobre ao mesmo tempo em que a executa. Um dos meus estudantes entusiasmava-se: "Nunca me senti tão livre, eu não tinha decidido nada previamente!". Outra maravilhou-se como uma criança: "Tinha a impressão de que voava com as minhas próprias asas!".

Muitas vezes, após uma sessão de leitura psicológica do movimento, a pessoa testemunha uma mudança real na sua vida cotidiana, familiar e profissional. Um paciente confessou: "A minha esposa disse-me que eu já não era o mesmo e, efetivamente, sinto-me outra pessoa, sinto-me eu".

---

[44] Ver **Noël** A.., *La gymnastique sensorielle selon la méthode Danis Bois*, éditions Point d'appui, 2000.

Uma frase que necessita de esclarecimento: como podemos sentir-nos outra pessoa, sentindo-nos nós mesmos? São exatidões que o paciente se apressa em fazer: "Antes eu não era eu. Não o sabia, mas não era verdadeiramente eu. Não podemos saber que não somos nós mesmos, antes de o sermos verdadeiramente!"

Pedagogia de leitura

Com o passar do tempo, aprendi a gramática particular da linguagem gestual, na qual uma orientação indica uma escolha, uma amplitude marca os contornos de um espaço de liberdade, um ritmo exprime um desejo profundo, a globalidade significa o envolvimento. Cada um dos parâmetros do movimento requisita uma leitura específica, já que representa uma palavra específica. Como as palavras necessárias para construir uma frase, esses parâmetros reúnem-se para constituir um discurso; um discurso que é necessário aprender a decodificar, como se aprendêssemos uma língua estrangeira, um discurso mais ou menos coerente, mediante os momentos, segundo os setores de si mesmo.

Com objetivo pedagógico, ao examinar a natureza do movimento em si, distingui três famílias de parâmetros: os parâmetros espaciais – a orientação e a amplitude; os parâmetros temporais – a lentidão e o ritmo, e os parâmetros ligados à relação que a pessoa estabelece com o seu movimento – a ressonância ou o gosto.

Os primeiros parâmetros são os que estão em ligação com o espaço. O movimento, para retomar uma idéia cara a Merleau-Ponty, cria o espaço, cria a relação que temos com o espaço, é a nossa âncora no mundo. Essa espacialidade, estática e dinâmica, é a aparência exterior de uma vida e está inscrita no corpo, na forma de mover-se, no modo de coordenar os gestos... A gestualidade relata os posicionamentos, revela a forma de situar-se em relação a si mesmo e aos outros. Para um olhar especialista, tudo isso se revela.

Podemos ler como os três espaços de existência estão investidos: o espaço corporal, a relação consigo mesmo, com a própria interioridade, íntima; o espaço pericorporal, aquele que está logo ao nosso redor, à mão, no qual nos sentimos em segurança, nem muito dentro nem muito fora; e o espaço extracorporal, aquele que necessita da locomoção para ser alcançado, que se abre para o mundo.

Reparei, há muito tempo, que um movimento é sobretudo uma orientação e uma amplitude: "Todo movimento vai para algum lado", dizia Merleau-Ponty. E eu acrescento: "Todo movimento sabe para onde vai", para sublinhar o fato de que o movimento traz consigo o seu próprio significado.

A leitura do movimento revela a riqueza ou a pobreza das orientações espontâneas que a pessoa explora num movimento livre. É possível guiá-la para novas orientações, indicar-lhe as direções mais fáceis de tomar. Por outro lado, quando ela entra em relação com o seu movimento, assinala as direções que toma o corpo e distingue as que são fáceis, agradáveis, espontâneas ou contidas, como que impedidas, despertando uma sensação de esforço desagradável.

Essa "encenação" ajuda a dar sentido às escolhas direcionais com as quais a pessoa é confrontada na vida. Nessas condições, o ato de orientar-se é uma decisão/ação da globalidade do nosso ser, para um objetivo profundo: encontrar um eixo, retomar o seu caminho, redescobrir um sentido. Quantos pacientes testemunham, durante uma sessão, no momento em que se envolvem numa nova orientação, terem tido o sentimento de voltar a "encaixar-se" consigo mesmos, de reconectar-se com um sentido perdido.

A amplitude exprime a forma como o praticante ocupa o espaço do seu corpo e o espaço envolvente. Será o movimento ou, por meio dele, a presença que irradia? Vemos grandes atores ou bailarinos invadindo toda a cena com a sua presença, a partir do momento em que aparecem.

Minha leitura considera dois aspectos: a retenção articular real, que pode (ou não) repousar num bloqueio mecânico a ser liberto manualmente, e a retenção de presença, como uma restrição que é imposta a nós mesmos para não irmos tão longe, para não ocuparmos demasiado espaço, para não perturbarmos, para nos protegermos ou não corrermos riscos.

Uma estudante, num estágio de formação, levantou-se e escreveu no quadro: "Desculpem-me por existir". Desde sempre, ela procurava não tomar o seu lugar, com uma insistência que paradoxalmente invadia tudo à sua volta, não deixando a ninguém a possibilidade de respirar... Era a primeira vez que ela o comunicava clara e diretamente. Desta vez, a pessoa foi diretamente ao assunto sem rodeios, e sem utilizar-se de subterfúgios assumiu para si o que a incomodava. Era já um grande passo, que acolhemos como tal.

A amplitude é assim o sinal da liberdade. Não da liberdade comportamental, e sim da capacidade de ser, ocupar o espaço da sua vida.

É necessário ficar vigilante, pois algumas pessoas desenvolvem uma amplitude imensa no seu movimento, sem que isso assinale forçosamente uma grande liberdade interior. Ao vermos essas pessoas, temos a impressão de que "fazem volume", de que "dão braçadas no ar", sem habitar esse espaço demasiado amplo. É, então, ocasião de propor um trabalho não sobre o espaço em si mesmo, mas sobre a relação que essas pessoas estabelecem com a amplitude.

É ocasião de assinalar a importância da ressonância veiculada pelo movimento. Se a pessoa se sentir tocada pelo seu movimento, tudo parece possível: soltar um corpo que não se movimentou livremente há muito tempo, trazer à vida uma amplitude que recusa exprimir-se, "realinhar" uma orientação desviada desde a infância...

Mas, quando a ressonância não responde ao apelo, o movimento é como uma paisagem magnífica sem ninguém para admirá-la ou um amor sem ninguém para receber: é inútil, uma das coisas mais desoladoras. Uma pessoa sem ressonância olha para a sua própria vivência como se esta pertencesse a outra pessoa. Ela sente falta de si própria. Sua relação com tudo o que vive fica amputada do que constitui o sal, o condimento a existência, o realce.

A atitude do praticante

Constatava que a leitura do movimento implica uma neutralidade absoluta do observador, uma espécie de benevolência para com o outro. A ausência de julgamento é ainda demasiado fraca; trata-se de amor, não de amor pelo outro como indivíduo, mas pelo devir que ele representa, significa o desenvolvimento da potencialidade, o conteúdo que cada pessoa traz consigo e que precisa expressar-se a partir dela.

O segredo é ser tocado pelo que observamos, escutamos, vivemos, sentimos do outro, mas principalmente de nós mesmos. É sempre mais fácil ser tocado pelo outro se sabemos ser tocados por nós mesmos. É isso a ressonância do movimento: a forma como a pessoa que se movimenta é tocada, interessada pelo seu próprio movimento, pela sua própria criação corporal. Disso vai depender a possibilidade de captar o sentido do movimento, desta vez, como significado e não como orientação. Porque se é sempre possível, permanecendo exterior a si mesmo, apoderar-se da sensação e da orientação de um movimento, não há nenhum lugar na pessoa que não estiver profundamente implicada pelo que está em jogo nela para que uma significação profunda se possa revelar.

Ao tocar a corda sensível do observado e do observador, podemos ler um movimento, fornecer um sentido a uma atividade gestual habitualmente isolada numa função puramente utilitária e, ao fazê-lo, devolver ao gesto humano a sua força de comunicação, que talvez tenha sido sua função primeira.

O simples fato de pousar o olhar no movimento de uma pessoa e ali ver uma parte dela mesma e da sua expressão dá-lhe o sentimento de ser acolhida e escutada na sua globalidade.

Oferecer a um indivíduo nossa compreensão do seu movimento é sempre um apoio importante, e toda a nossa metodologia de entrevista assentará sobre esse olhar preciso e encorajador pousado em sua corporalidade[45]: a nossa escuta das palavras acompanha sempre a escuta do movimento das palavras, o nosso vocabulário de terapeuta é uma transcrição audível do que extraímos do inaudível.

A vivência do movimento adquire aqui um sentido muito forte. Não se trata só de habitar o gesto, de dedicar-lhe toda a atenção e presença; mas, sobretudo, de "vivenciar" com toda a força da sensibilidade, de entrar literalmente nele para tornar-se nele ou para perceber que ele é si mesmo.

Desse modo, compreender a linguagem do corpo ajuda a melhor compreender o que se diz e, sobretudo, a aceder ao sentido escondido do que não se diz. O nosso objetivo, como somato-psicopedagogo, será sempre possibilitar ao nosso paciente descobrir por si mesmo, com toda a autonomia, as suas próprias significações até então impercepcionáveis.

---

[45] Palavra que dá ao corpo uma dimensão fenomenológica de "corpo sujeito", de "corpo sensível", implicando uma relação ativa a si mesmo, uma presença ao seu corpo. O termo também está em relação com a noção de "carne", evocada por Husserl e Merleau-Ponty.

3

A Entrevista Verbal pela Mediação Corporal

Para que o processo de transformação possa ocorrer, é necessário que o paciente tome parte ativa. Como vimos no capítulo precedente, a expressão gestual já convida a essa participação. Com a experiência, dei-me conta de que a verbalização do paciente era indispensável à eficácia terapêutica. Esse foi o início da minha reconversão para o mundo da psicoterapia. Comecei a estudar com atenção a palavra no contexto de uma terapia corporal.

Uma palavra derivada da vivência

O desafio a que me lancei não foi dos mais fáceis: desejava criar as condições necessárias para restaurar uma palavra que emergisse do ser profundo, ou seja, que estivesse ligada à interioridade representada pela experiência íntima do movimento interno no corpo. Juntava-me aos aspectos mais fortes da reflexão de A. Maslow e C. Rogers, que falava em "impulsionador de vida", uma força que leva naturalmente o ser humano rumo ao crescimento e à mudança.

Nem Maslow nem Rogers nunca falaram de uma particularidade da linguagem tissular que acontece na terapia corporal, que denominamos de "especificidade essencial": a linguagem dos tecidos ou tissular, no domínio da terapia corporal. A entrevista, como a praticavam, assentava essencialmente sobre a verbalização e não sobre a linguagem tissular. Para esta especificidade essencial, era necessário construir uma entrevista verbal que respeitasse as leis e os princípios de funcionamento que evidenciei na entrevista tissular.

A escuta, com reorientação de Rogers, não é apenas uma simples escuta do fluxo contínuo verbal emitido pelo paciente, mas inclui tempos de intervenção destinados a reorientar a entrevista verbal de forma pertinente.

No entanto, essas aproximações não eram suficientes para responder ao meu questionamento acerca da ligação possível entre o diálogo verbal e o diálogo tissular. O objetivo da minha investigação, agora, é de alargar o campo de escuta a outras fontes de informação, para além das que emanavam do diálogo tissular. Com uma preocupação importante: fazer com que a passagem da linguagem silenciosa corporal tissular à linguagem verbal não seja uma ocasião de desperdício, na natureza e na qualidade, das informações preciosas em exprimir.

Como deixar viver uma palavra verdadeira, uma palavra que não deixaria nenhum espaço entre o que é percebido no corpo e o que é dito e que expressaria o conteúdo do estado de ser até então silencioso? Uma palavra que, para retomar F. Roustang, não faria mais nada do que "exprimir o pensamento inscrito no sensorial [...], ou seja, o pensamento do sensível humano".[46]

Segundo esse psicanalista, a noção de "palavra sensorial" implica "voltar" o pensamento para o corpo, repor constantemente o pensamento no corpo.

O meu questionamento orientou-se de maneira diferente: eu procurava uma palavra que resultaria do sentir do corpo e que nasceria diretamente do pensamento próprio ao corpo, e não de um pensamento nascido no cérebro para se dirigir ao corpo. Falo de um corpo que libertaria o seu próprio pensamento, um pensamento corporizado que deslizaria na palavra.

Os três níveis de introspecção

Para abordar esta questão de fundo, eu devia encontrar uma metodologia que estabelecesse a ligação entre o sentir e a palavra. A minha escolha assentou primeiro sobre o testemunho descritivo da vivência como ato de linguagem. Eu colocava ao paciente uma série de questões durante uma sessão manual: "Será que a pressão manual exercida corresponde ao que deseja?"; "Esta pressão é demasiado forte ou não é suficiente?"; "Deseja-a em outra região do corpo?"; "Consegue perceber o movimento interno nos seus tecidos?" ...

Esta atitude terapêutica obrigava o paciente a pôr a sua atenção de forma ativa nas manifestações internas do seu corpo, acedendo a informações que, até então, escapavam à sua percepção.

---

[46] **Roustang** F., *Il suffit d'un geste*, Odile Jacob, 2003.

Eu desprendia um segundo nível de introspecção, quando pedia ao paciente que explicitasse o seu sentir, mas, desta vez, após o tratamento manual. Para algumas pessoas, esta explicitação que se faz depois da experiência, o *a posteriori,* era pobre, quando comparada à da vivência em tempo real. Este fenômeno explicava-se pelo fato de que a "coisa vivida" era freqüentemente inédita e manifestava-se a partir da imediatez: o paciente tinha realmente percebido as informações vindas do seu corpo, mas não as tinha memorizado ou não lhes tinha atribuído valor significativo. A rememoração de tal vivência subjetiva interpela a pessoa num registro de memória ou num campo de vivência insólito para ela.

Desse modo, eu solicitava de maneira repetida testemunhos detalhados, para produzir um "aumento" das percepções, não só no nível do corpo, mas também do pensamento.

Seguidamente instaurei um terceiro nível de introspecção, pedindo, sempre após o tratamento manual, que a pessoa relatasse não mais o que sentiu, mas os pensamentos que tinham surgido espontaneamente à consciência durante a sessão.

Os pacientes apoderavam-se dos pensamentos que não tinham elaborado, que surgiam do seu corpo, quase sem o seu conhecimento; pensamentos de todos os tipos que, por vezes, não tinham nada a ver com as suas preocupações do momento, uma forma de emanação deles mesmos que emergia do lugar do Sensível, que é também o lugar de confiança. Alguns pensamentos veiculavam um novo sentido para as suas vidas, oferecendo-lhes soluções, intuições e até mesmo inspirações profundas. Outros pareciam vir das profundezas das suas memórias, reanimando situações que tinham acabado por esquecer com o tempo e que, naquele instante, revelavam um sentido particular.

Criava-se o procedimento de uma entrevista em torno desses pensamentos espontâneos, de outro tempo, com outro gosto e que provavelmente a pessoa nunca teria tido noutras condições.

A entrevista é ocasião para revisitar toda a história autobiográfica da pessoa, evocada por uma palavra corporal, com intenção clara de busca de sentido: reencontrar uma nova orientação na vida; reconectar a vivência corporal ligada à experiência de vida e extrair uma significação clara dessa experiência.

A instalação de uma empatia verbal

Como o acompanhamento gestual, o acompanhamento verbal exige condições particulares de escuta, neutralidade e benevolência. C. Rogers mostrou a necessidade da empatia do terapeuta para com o seu cliente, como critério de eficácia da entrevista.

Quanto a mim, insisto na importância de instalar um clima de empatia da parte do paciente para com o seu somato-psicopedagogo, para consigo próprio! Esta condição é necessária para que haja sintonização[47] entre aquilo que o corpo reclama e a queixa verbal, expressa, do paciente. Acontece, muitas vezes, que as duas linguagens não estão em adequação, a pessoa e o corpo comunicando mais entre si. O

[47] Veremos na parte seguinte a importância desta noção de sintonização.

paciente pode dizer "o meu corpo dói", enquanto o somato-psicopedagogo capta na profundidade do corpo uma queixa profunda: "Diz-lhe para me magoar menos" ...

É necessário que o paciente esteja em ressonância ou sintonia consigo mesmo, ligado à sua interioridade, em relação com o seu próprio movimento, da mesma maneira que o somato-psicopedagogo, o terapeuta, deve estar em sintonia com o seu paciente.

A primeira condição para instalar uma entrevista com base na empatia é deixar o paciente falar sem o interromper. Vou mais longe: não só o mediador não fala ao mesmo tempo que o seu paciente, como não deve pensar no que vai responder enquanto o seu interlocutor não tiver terminado a sua conversa. Neste instante de suspensão de toda a reflexão, o somato-psicopedagogo realiza um "ponto de apoio" (expressão francesa "point d'appui", geralmente traduzida como "uma pausa") no próprio pensamento, de modo que receba na sua globalidade a confidência que lhe é feita. Esse ponto de apoio do pensamento gera um estado de empatia muito performativo, comparável ao ponto de apoio manual realizado durante a sintonização somato-psíquica.

Todos os sentidos do somato-psicopedagogo estão despertos, com o objetivo de registrar o mínimo gesto, a mínima atitude, a mínima mímica do paciente. Ele escuta atentamente a prosódia, feita de intensidade, de ritmos e de silêncios, por vezes, gritantes de verdade; compreende o conteúdo daquilo que é dito; sente o efeito que o discurso do paciente produz em si, está sensível à qualidade da empatia que circula entre ambos.

Para favorecer a empatia do paciente consigo mesmo, o somato-psicopedagogo pode chamar a atenção à cadência do discurso do paciente, por exemplo, pedir à pessoa para abrandar a conversa, o que lhe irá permitir melhor apropriação do pensamento. "Poderá falar mais lentamente? Sinto necessidade de sentir no meu corpo aquilo que me está a dizer, de compreender cada um dos seus pensamentos no seu sentido mais profundo."

Inversamente, quando o paciente fala lentamente para controlar uma fala espontânea, permanece num conforto intelectual que lhe dá tempo para pensar à sua maneira, para refletir em tudo o que diz, controlar tudo, é necessário pedir-lhe que o acelere, o que terá como efeito libertar o pensamento dos seus hábitos.

Ao propor a instalação dos tempos de silêncio entre as palavras, o somato-psicopedagogo possibilita que seu paciente se acautele naquilo que diz, que capte no nível do corpo a ressonância do pensamento formulado e receba o pensamento que surge. Ele o convida a preencher o silêncio com a sua atenção: "Que efeitos provocam os pensamentos no seu corpo?"; "Sente-se tocado pelo que diz?".

O que interessa ao somato-psicopedagogo não é o conteúdo informativo do que é dito, mas seu caráter performativo, ou seja, o que produz algo, o que ensina algo de novo à pessoa, ainda que seja ela mesma a autora. O enunciado performativo, como o concebemos, oferece-nos a visão de como uma pessoa analisa as seqüências da sua vida cotidiana, desvendando mais a sua relação com o acontecimento do que o próprio acontecimento.

A entrevista propriamente dita representa, na minha abordagem, a terceira fase do processo. As duas primeiras são o testemunho em tempo real pelo paciente do que ele vive e pensa durante o desenrolar da sintonização somato-psíquica, a partir do exercício, da explicitação imediatamente a seguir, do sentido procedente, o sentido que tem a sua origem pela explicitação dessa vivência para a pessoa.

Na terceira parte, formalizo a condução da entrevista e as regras que possibilitam ao somato-psicopedagogo a escuta atenta do seu paciente e ser eficaz no seu desempenho.

Terceira parte

A SINTONIZAÇÃO SOMATO-PSÍQUICA

Conforme adiantei na introdução, a Somato-psicopedagogia visa reconstruir a unidade entre o corpo e o psiquismo, como sintonização somato-psíquica: é a sintonização entre a pessoa e o seu próprio corpo, entre a pessoa e os próprios pensamentos, entre a pessoa e os comportamentos. A terceira parte descreve essas sintonizações, instrumentos tanto terapêuticos como pedagógicos.

1

As Sintonizações Corporais

A sintonização somato-psíquica é a ação pela qual o somato-psicopedagogo restabelece o diálogo entre o psiquismo e o corpo. Aqui reside todo o desafio da sintonização somato-psíquica: não tratamos do corpo sem solicitar o espírito, nem do espírito sem solicitar o corpo.

O objetivo da sintonização somato-psíquica é instalar na pessoa um sentimento profundo de unificação entre todas as suas partes: numa primeira fase, entre as partes do seu corpo: de cima, de baixo, de trás e da frente, a direita e a esquerda, as costas e a face; depois e, sobretudo, entre todas as partes do seu ser: a sua intenção e ação, atenção e intenção, a percepção e gesto, pensamento e vivência.

Para isso, utilizamos prioritariamente os instrumentos internos[48] que se encontram no cruzamento das funções motoras, sensoriais e psíquicas do indivíduo: a atenção, a percepção cinestésica, o pensamento, a memória, a vivência, a empatia e a regulação tônica.

---

[48] A sintonização dos instrumentos internos será apresentada no capítulo seguinte.

Progressivamente, levamos a pessoa a mobilizar os seus recursos atencionais para percepcionar cada vez melhor os efeitos produzidos no seu corpo. No início do trabalho, o corpo é sentido como uma parte diferenciada do indivíduo, até o momento em que a pessoa descobre que não é constituída por duas entidades diferentes, mas por uma unidade corpo/psique na qual se apóiam todas as funções psíquicas, o que Maine de Biran já preconizava: "O homem não é para si mesmo nem uma alma, apartada do corpo vivo, nem determinado corpo vivo, apartado da alma, que a ela se une sem se confundir. O homem é o resultado dos dois, e o sentimento que tem da sua existência não é outro senão o da união inefável dos dois termos que o constituem".[49]

Assim, quando a pessoa instala essa relação particular com a fibra sensível do seu corpo, aparece na sua consciência uma tonalidade específica e o equilíbrio geral melhora.

Quando da sintonização somato-psíquica, os termos utilizados pelos pacientes para descrever o seu estado são significativos: "O céu aclara-se", "O horizonte aumenta", "Sinto-me unificado, reunificado". Quando os pacientes reencontram o gosto da sua tonalidade interna, encontram o gosto pela vida... O mal-estar apaga-se...

A sintonização manual

A ação terapêutica começa sempre pelo tratamento manual, cujo objetivo é restaurar uma relação com o corpo que o integre na consciência da pessoa.

---

[49] **Maine de Biran**, *Considérations sur le physique et le moral, Œuvres complètes T. IX*, Vrin.

Quando o terapeuta coloca as mãos sobre o corpo do paciente, este toma consciência dos seus contornos, da sua pele, da sua postura. Esse contato não é nem demasiado leve, nem demasiado forte; ele é "aquilo de que o corpo precisa" para dar confiança. A mão toma a forma do volume muscular, entra em contato com o osso, o que implica uma globalidade e profundidade que fazem com que a pessoa se sinta ouvida e considerada em tudo o que é. É uma sensação por vezes tão surpreendente quanto inabitual.

Para além desse envolvimento, a mão solicita o movimento interno que oferece à pessoa a percepção da sua própria consistência pelo encontro com a sua matéria corporal. Aí, a sensação é ainda mais espantosa: a pessoa reconhece-se inteira e descobre uma espécie de retrato de si mesma na sua interioridade...

Docemente guiada pela voz do terapeuta, que lhe descreve as sutilezas de arquitetura da sua "corporalidade", o paciente descobre com deslumbramento os detalhes de si, desconhecidos até então, que constituem outros tantos pedaços dispersos que se juntam para dar corpo ao seu sentimento de existência[50].

A sintonização gestual

Efetuar um gesto não é suficiente para criar um encontro consigo mesmo. O movimento perdeu a sua função expressiva e perceptiva em prol da execução automática,

---

[50] Outro estudo realizado no CERAP, sobre a capacidade das pessoas em sentir a presença do movimento interno depois de uma sintonização manual, demonstrou que grande maioria das pessoas, seja 56 sobre 64 pessoas testadas (ou seja, 87 %), testemunham da presença de um movimento interno dentro do corpo. Este número é tanto mais surpreendente visto que nenhuma delas tinha percebido o movimento anteriormente.

eficaz, mas sem sabor. É necessário aprender a construir uma nova relação com o movimento e dar-lhe um valor significativo.

A sintonização somato-psíquica gestual vem em socorro desse empobrecimento perceptivo. Pelos exercícios gestuais realizados, primeiramente em posição sentada, e, depois, em pé, o paciente é convidado a efetuar os encadeamentos de movimentos que restauram a coerência natural dos diferentes segmentos do corpo no seio de uma globalidade gestual.

A sintonização gestual é o lugar adequado para realizar essa união, não só entre todas as partes do corpo, como também entre a intenção e a ação, a atenção e a intenção, a percepção e o gesto, o pensamento e a vivência.

Graças à percepção cinestésica, a pessoa enriquece a sua capacidade de setorizar e categorizar os fenômenos que aparecem à sua percepção durante o desenrolar do gesto. É em contato direto com o movimento que ela descreve o que sente, o que percepciona. Isso a obriga a mobilizar o pensamento e a torná-lo audível: a pessoa "ouve-se pensar" e isso lhe dá segurança.

A sintonização introspectiva

Um terceiro tipo de sintonização repousa sobre a introspecção sensorial. A palavra "introspecção" quer dizer "inspecionar a si próprio", "inspecionar os seus estados interiores", analisar os seus estados mentais, percepcionar os seus estados internos, estar em relação com os seus estados fisiológicos internos.

Os métodos introspectivos não são novos[51]. Remontando a Descartes, que preconizava a análise introspectiva dos seus próprios pensamentos, foram praticados pelos filósofos atraídos pelo estudo dos seus estados interiores, como Rousseau e Maine de Biran, que nos convida a "perceber-se e a sentir-se". Este último já adiantava que esta atenção pertencia a uma percepção original: "Os afetos podem ser apropriados por determinado tato interior ou por uma simpatia secreta e natural, estranha a qualquer reflexão".[52]

No século XIX, os métodos introspectivos foram desenvolvidos num plano prático pelos fundadores da psicologia experimental, como Titchener (1867-1927), que propunha "pousar a atenção sobre as sensações", e W. James ("perscrutar os estados interiores"). Para James, a introspecção é o único método que possibilita estudar os fenômenos de consciência: "A observação introspectiva é aquilo em que nos devemos apoiar primeiro e sempre", apesar da dificuldade da sua aplicação: "A introspecção é difícil e falível; mas essa é a dificuldade de qualquer observação".[53]

Desde essa época, a introspecção foi criticada como não confiável – "O estudo introspectivo modifica o fenômeno estudado" –, contraditória – "Duas pessoas diferentes vão

[51] Ver os artigos de P. **Vermersch**, "*Définition, nécessité, intérêt, limite du point de vue en première personne comme méthode de recherche*", *Expliciter*, n°35, 2000, "*La fin du XIXème siècle : introspection expérimentale et phénoménologie*", *Expliciter*, n° 26, 1998, ou a obra dc **De la Garanderie**, *Défense et illustration de l'introspection au service de la gestion mentale*, Centurion, 1989.

[52] **Maine de Biran**, *De l'Aperception immédiate*, op. cit.

[53] **James** W., op. cit.

reagir diferentemente ao mesmo fenômeno" – e mesmo impossível na prática: A. Comte (1798-1857) pretendia que não poderíamos observar a nós mesmos, perguntando "Quem, então, observa o observador?"[54].

Os métodos introspectivos foram em parte abandonados em prol da psicologia comportamentalista e positivista ao longo do século XX. Há já alguns anos que esses métodos voltaram nas ciências cognitivas, já que, como adiantou W. James, são os únicos possíveis para analisar finamente os fenômenos de consciência.[55]

Essas críticas demonstraram que a introspecção exige precisão e que a prática da introspecção em si necessita de um treino específico.[56]

A minha abordagem da introspecção está mais voltada para o estudo e o desenvolvimento da relação com o corpo, com o seu próprio movimento interno. Foi por isso que escolhi o termo introspecção sensorial. Todas as investigações que conduzi implicando a esfera mental e o universo corporal fizeram constantemente uso da introspecção sensorial[57].

---

[54] Ele acrescentava a imagem: "Não se pode estar ao mesmo tempo na varanda e na rua...".

[55] **Petitot** J., **Varela** F., **Roy** J.-M., **Pachoud** B., "*Introduction*", *dans Naturaliser la phénoménologie*, CNRS éditions, 2002.

[56] **Vermersch** P., "*Introspection as practice*", in Varela F., Shear J., (eds.), *The view from within. First person methodologies*, Imprint Academy, 1999 ; e **Depraz** N., **Varela** F., **Vermersch** P., *On Becoming Aware*, John Benjamins, 2003.

[57] **Bois**, D. "*La méthodologie introspective sensorielle*", support de cours, Université Moderne de Lisbonne, 2002.

Essa prática mobiliza a pessoa na sua capacidade de entrar em relação consigo mesma, com os seus estados interiores. A introspecção não consiste numa simples contemplação dos estados pessoais, ela convida a uma análise introspectiva extremamente ativa e exige um esforço de concentração máximo da parte do praticante.

Ela solicita todos os processos cognitivos pelas tarefas, instruções e objetivos que mobilizam a atenção corporal. Tornase possível enumerar e descrever os mínimos fenômenos que aparecem durante a introspecção. O indivíduo posto nesta situação apreende-se a si mesmo na sua profundidade.

Segundo as pessoas, desenvolver uma consciência clara e distinta das manifestações internas do corpo pede um treino mais ou menos longo e justifica toda a dimensão pedagógica do método proposto. Com a noção de consciência ativa, trata-se de aprender a pousar a atenção sobre todos os fatos da vida, interna e externa, a partir do corpo e do movimento, noção que reenvia à "vigília da consciência" de Maine de Biran, que preconizava: para saborear o sentimento de existência, devemos manter a nossa consciência em vigília por um esforço atencional permanente.

A Somato-psicopedagogia desenvolve a consciência perceptiva, que se enraíza na percepção do corpo: a pessoa é simultaneamente levada a captar o seu corpo e a constatar que o corpo tem a faculdade de se captar a si próprio. O resultado dessa aventura perceptiva conduz à seguinte sensação: "Eu sinto o meu corpo que capta".

A introspecção sensorial é o momento no qual o paciente, sentado confortavelmente e imóvel, é guiado pelo seu terapeuta. Deve seguir as indicações segundo um protocolo bem determinado. Pouco a pouco, ele é convidado a colocar a sua atenção sobre o silêncio, depois, sobre a luminosidade que aparece através das suas pálpebras fechadas e dentro dele, para observar a tonalidade no interior do seu corpo. Finalmente, deve captar os pensamentos que se impõem à sua consciência.

Após vinte minutos de introspecção, o paciente descreve os fatos de consciência que lhe apareceram durante a sessão. Os resultados são freqüentemente surpreendentes, por vezes inimagináveis. Como é possível percebermos tantas coisas, apenas fechando os olhos e permanecendo em silêncio?[58]

A sintonização na entrevista verbal

A entrevista é ocasião de realizar outra sintonização: a sintonização entre o que o paciente vivencia e o que diz; entre a necessidade profunda do corpo, como o somato-psicopedagogo a sente, e a percepção que a pessoa tem dele; entre a vivência sensorial da introspecção e o que dela foi apreendido.

---

[58] Um estudo realizado pelo CERAP, junto a uma população de 91 pessoas treinadas na introspecção sensorial, mostra resultados surpreendentes. Em relação à percepção da luminosidade, 87 pessoas (cerca de 95%) responderam ter percebido uma luminosidade durante a introspecção enquanto 4 pessoas (cerca de 5%) responderam negativamente. Em relação à percepção da presença do movimento interno, 87 pessoas mencionam a sua presença e 2 não o perceberam. Resultado surpreendente, a investigação mostra que mais de 60% das pessoas captavam a mesma coloração de luz: azul violáceo. Interessei-me também pela tonalidade corporal que aparecia em conjunto com a percepção da cor: nas pessoas que percepcionavam esse azul violáceo, a sensação era descrita como muito agradável em 61 % dos casos e agradável em 29 %.

A entrevista verbal não se realiza antes que tenhamos feito uma sintonização somato-psíquica manual ou gestual, com o objetivo de nos assegurarmos de que o paciente está em ressonância consigo, percebe o efeito da sintonização como dois instrumentos musicais harmonizados, no momento em que fala. A sintonização somato-psíquica visa tirar a pessoa dos seus esquemas habituais de funcionamento. Ela se surpreende ao pensar de outra forma e confia mais em si própria, a partir de um lugar dentro de si.

Às vezes, uma pessoa sente urgência em se expressar. O que importa é deixar irromper o fluxo contínuo de palavras para libertar a opressão interior.

Por vezes, a conversa oferecida espontaneamente parece não levar a nada, a pessoa repete o que já disse centenas de vezes para quem a quer escutar. O discurso torna-se "obsessivo" e gira em torno de uma problemática que volta invariavelmente à carga. É o momento de propor uma sintonização somato-psíquica.

Fui testemunha de inversões de situação espetaculares, após apenas vinte minutos de sintonização somato-psíquica. A mesma pessoa que alguns minutos antes estava febril e sem controle torna-se calma, serena; pode dizer as coisas, por vezes, as mesmas, mas de forma diferente, mais consciente, mais pausada; é agora capaz de ouvir o que diz, escutar o alcance das suas próprias palavras e sentir os efeitos que elas provocam no seu corpo.

Por vezes, torna-se capaz de observar os pensamentos que a oprimem no tórax, que a pressionam na cabeça e a contraem nos músculos, perturbam o ritmo cardíaco ou a freqüência respiratória. Numa palavra, pela percepção do seu corpo, compreende até que ponto certos pensamentos são negativos para si mesma.

Outra situação em que me permito interromper uma entrevista para propor uma sintonização somato-psíquica é quando um paciente adota um discurso na terceira pessoa: sinal de que não está implicado no que diz. Convém estar atento à forma de discurso do paciente, que dá informações importantes sobre o seu grau de implicação.

Por essa razão, determinei indicadores precisos para apoiar o somato-psicopedagogo nesta escuta: seis indicadores de um discurso na terceira pessoa e cinco indicadores de um discurso na primeira pessoa.

A entrevista verbal na 3ª ou na 1ª pessoa

Existem seis indicadores que caracterizam o discurso na terceira pessoa, facilmente detectáveis por um terapeuta suficientemente atento. O primeiro indicador é o fato de a pessoa falar de si própria como se se tratasse de outra pessoa: alheia ao que diz, a pessoa não se sente tocada pela história que relata, exprimindo-se com uma prosódia desabitada, acompanhada por gestos mecânicos.

O segundo é o fato de a pessoa relatar a sua problemática de forma anedótica. Costumo freqüentemente citar como exemplo a história de uma paciente que me fez a confidência de onze tentativas de suicídio! Ela as descrevia de maneira extremamente precisa e de tal forma humorística que, em determinado momento do seu testemunho, perguntei-lhe se os acontecimentos de que falava realmente lhe tinham sucedido... Quando me disse que já estava curada, duvidei do fato.

O terceiro indicador é o fato de a pessoa falar do seu problema como se ele pertencesse ao passado, enquanto visivelmente o acontecimento ainda é atual: é uma forma que a pessoa tem para manter a problemática à distância.

O quarto é o fato de a pessoa atribuir a responsabilidade da sua situação atual aos outros, à sociedade ou, ainda, às circunstâncias: "É culpa de..."; "É por causa de...". Trata-se, muitas vezes, de um modo de desresponsabilizar-se do seu sofrimento e por vezes de uma tentativa de encontrar no sofrimento um sentido ou razão.

O quinto é o fato de a pessoa não estar interessada em sua própria conversa. Às vezes, acontece-me, quando a entrevista está estéril, interromper o fluxo verbal do paciente para lhe dizer: "Será que está verdadeiramente interessado no que me está a dizer?". Se o paciente não ficar surpreendido pelo que relata, como poderá aceder a uma pista inovadora?

O sexto é o fato de a pessoa não dominar plenamente o sentido do que diz. Eu estou sempre extremamente atento para que a pessoa aprenda alguma coisa com o que está a expressar.

O discurso na primeira pessoa descobre-se por cinco sinais essenciais.

Em primeiro lugar, a pessoa está presente no seu discurso, no seu corpo e gesto; a sua prosódia está em adequação com a profundidade e intensidade do que diz, com a emoção que suscita nela.

Em segundo lugar, a sua gestualidade oferece informações muito ricas ao observador treinado na leitura psicológica do movimento: o tônus está relaxado, durante o diálogo, a pessoa está numa postura fluida, em movimento, e os gestos são espontâneos em relação com a fala, uma empatia intensa circula entre o seu corpo e o do terapeuta. Um ambiente caloroso e confiante desprende-se da entrevista.

Em terceiro lugar, a pessoa fala voluntariamente da sua situação, do que está a viver no momento presente. Não fala do passado, mas do presente, manifestando dessa forma que não estabelece distância nenhuma entre si e o que diz.

Em quarto lugar, a pessoa aceita tomar a sua parte na problemática, o que se reflete em sua conversa: "Se refletir bem, não me é estranho o que me acontece. Parece-me que tenho uma parte de responsabilidade no desenlace que tomaram os acontecimentos". Não é mais o acontecimento que é responsável pelo sofrimento da pessoa, mas a sua maneira de vê-lo. Uma disposição que a conduz a aceitar a idéia de que tem possibilidade de mudar a sua situação, que tem a escolha de pensar e agir de outra forma, que é capaz de ter uma ação sobre os acontecimentos da sua vivência.

Em quinto lugar, a pessoa extrai um novo sentido do que é dito, compreende subitamente o alcance do que vive, do que relata, como se ocorresse um "clique" na sua cabeça e no seu corpo; não é raro que ela se sinta surpreendida perante a evidência: "Como é que não vi isso antes!? Como é que pude não compreender isso senão agora!?"

O discurso na terceira pessoa não oferece nenhuma inspiração salvadora ao terapeuta. Este tem o sentimento de não ser pertinente nas recomendações que propõe e de não oferecer nenhuma via de acesso à solução do problema do paciente.

A entrevista, na primeira pessoa, após a sintonização somato-psíquica, cria um clima de serenidade e confiança, devolve as faculdades intelectuais e o sentir e suscita a surpresa tanto para o paciente como para o terapeuta.

A reconstrução do sentimento de existência

A intenção prática das sintonizações que acabamos de ver é que a pessoa reencontra, reconstrói, uma relação consigo própria, com a sua vida. E isto passa por uma ligação profunda com seu próprio corpo.

Dou um valor alto ao retorno a uma identidade corporal, a uma ancoragem identitária orgânica, cuja inter-relação com o funcionamento psíquico parece evidente; como o sublinhava uma paciente que, tendo vindo à procura de ajuda psicológica, dizia: "Eu não pensava poder sentir o meu corpo desta forma, ele não me mete mais medo, consigo mesmo achá-lo belo. Não me olho mais da mesma maneira... Já não vejo os outros como inimigos. Já não tenho medo de ser tocada por eles".

Na entrevista pela mediação corporal, a pessoa fala livremente, sem inibição, dos seus problemas físicos, entregando, sem perceber, a intimidade das suas atitudes de vida. Os testemunhos dados pelos pacientes revelam uma ligação de causalidade muito clara entre o desenvolvimento da percepção de si mesmo e a modificação comportamental. O nosso objetivo é permitir fazer conscientemente a ligação entre as somatizações e o campo de ação.

Há uma verdadeira linguagem de sinais, próprios ao corpo, que dá indicações muito precisas sobre a evolução das estratégias de funcionamento da pessoa e da relação que estabelece com as referidas estratégias.

Por exemplo: "No início, eu não sentia onde estava. Estava longe de mim, perdia o norte, nada corria bem. Sentia-me presa na minha vida, no meu corpo, na minha cabeça. Agora, sinto-me mais móvel". A noção de mobilidade não assenta, para esta paciente, unicamente sobre critérios físicos. "Sinto-me presa na minha vida" também quer dizer "Não consigo fazer o que quero". Sentir-se mais móvel quer dizer, para ela, tomar novas iniciativas, abrir-se à novidade.

Outra paciente dizia: "A minha cabeça está menos pesada. Antes do tratamento, nunca tinha tomado consciência de quão pesada estava a minha cabeça. O que faz com que ela esteja assim tão pesada?". Esse testemunho relata o peso dos pensamentos nos quais a paciente está encerrada. É uma tomada de consciência pouco banal, cujos efeitos irão prolongar-se na nova relação que esta paciente vai instalar consigo própria.

Quando uma pessoa declara no decorrer do tratamento "Sinto calor no meu tórax", é porque acabou de reencontrar a sua afetividade e a sua "boa disposição". Outra paciente confessa: "Isto me dá um sentimento de existência, de poder, adoro... Sinto-me em forma agora. Tenho o direito de afirmar a minha vontade!". Fala-nos da possibilidade de uma nova relação consigo mesma, a pessoa descobre durante ou depois do tratamento uma nova forma de presença a si mesma que se manifesta pela sensação de calor, de sentimento de existência etc...

A distância entre o soma e a psique é por vezes tal, que uma forma de perda de identidade acaba por se instalar dissimuladamente, insidiosamente, progressivamente, apagando a alegria de viver, o gosto pela vida, o gosto por si mesmo. Um estado que pode originar uma depressão latente, um mal-estar permanente, não forçosamente condutor a uma descompensação, ou seja, a pessoa que faz uma descompensação faz como uma reação, no seu corpo, para re-equilibrar outro problema físico ou psíquico, faz uma compensação, mas mantendo o indivíduo numa vulnerabilidade que o obriga a aumentar ainda mais a distância de si mesmo, para lhe dar uma ilusão de invulnerabilidade.

2

As Sintonizações dos Instrumentos Internos

A Somato-psicopedagogia propõe-se como objetivo uma transformação concreta dos modos de pensar e de percepção por parte da pessoa que sofre.

Essa visão muito pragmática é proveniente da minha experiência: pude observar que uma pessoa, que conduz a sua terapia com o mesmo olhar que coloca na vida cotidiana, tem pouca possibilidade de encontrar uma solução de sua problemática, de ordem psíquica ou corporal. A nossa abordagem parte do princípio de que a dificuldade profunda da existência não vem diretamente dos acontecimentos que nos surpreendem, mas, também e antes de tudo, do olhar que colocamos sobre esses acontecimentos; um olhar que resulta ao mesmo tempo da percepção (no sentido sensorial do termo) e da interpretação que fazemos das coisas.

O pensamento nunca poderá influenciar o pensamento, nem desfazê-lo. A nossa ação terapêutica "ataca" de imediato o que para nós é a raiz do problema, isto é, os hábitos motores, perceptivos e mentais que condicionam a relação consigo e com o mundo. O que desejamos, como somato-psicopedagogos, é que a pessoa possa descobrir-se de outro modo, compreender-se diferentemente, com o objetivo de enriquecer os seus pontos de vista.

Para tal, apóio-me nos instrumentos internos de que é dotado o ser humano e que permitem apreender a realidade exterior e interior. Entre esses instrumentos internos, há os que são mais eficazes; guardei-os para permitir que o paciente tenha acesso à modificabilidade perceptivo-cognitiva, quer dizer, à capacidade de mudar de ponto de vista: a mobilização atencional, a percepção e nomeadamente a percepção cinestésica, o pensamento, a memória, a vivência, a empatia, enfim, a regulação tônica.

Cada instrumento interno é utilizado num funcionamento adaptado à experiência do sensível. Muitas vezes, os nossos instrumentos internos sofrem subutilização ou um uso não adequado e não oferecem à pessoa o seu potencial pleno. É a razão pela qual utilizo a expressão sintonização (afinação) dos instrumentos internos, como sintonizamos (afinamos) um instrumento de música para que o possamos tocar afinadamente!

A atenção

A atenção é o primeiro dos instrumentos que procuramos desenvolver no indivíduo, porque é aquele que lhe permitirá aceder a todos os outros. É graças à mobilização da sua atenção que a pessoa vai poder ver melhor, ouvir melhor, perceber melhor, captar elementos que até então não eram conscientes, porque não eram sentidos. A pessoa vai descobrir uma melhor escuta, uma observação mais aguçada e, sobretudo, uma relação com o seu corpo de que não suspeitava. Ela penetra toda uma esfera de atividade subjetiva desconhecida; descobre que existe no seu corpo e por ele e que o seu corpo é fundamento de uma identidade profunda.

De maneira clássica, a atenção define-se como um processo de seleção de informações. W. James, que estudou profundamente a atenção, define-a do seguinte modo: "A atenção é uma ação conduzida pelo espírito, de forma viva e clara, de um objeto ou corrente de pensamentos entre todos aqueles que parecem apresentar-se simultaneamente. Isso implica retirar-se de certas coisas para tratar de outras de maneira mais eficaz".[59]

Esse processo é, a maior parte das vezes, inconsciente: selecionamos certas informações e eliminamos outras, sem nos darmos conta. Imaginemos alguém que vai à estação buscar um amigo. Chega com alguns minutos de atraso e procura com os olhos na multidão que se aperta no hall. Vai rejeitar sem perceber todas as informações visuais, sonoras etc. que não estão em relação com a procura do amigo: só olha para os homens, de quarenta anos, com determinada corpulência, com determinada cor de cabelos.

A atenção é um processo naturalmente focalizado: existe uma tarefa particular, precisa, restrita, que mobiliza a nossa faculdade de atenção, em detrimento do resto.

---

[59] **James** W., op. cit.

A mobilização atencional é de outra natureza que o pensamento, pois convoca outros circuitos, outros registros. Dar como indicação a um paciente: "Preste atenção em" é mais eficaz, mais próximo da percepção que a indicação "Pense em", que induz uma representação. Numa sessão de Somato-psicopedagogia, utilizamos esse modo de funcionamento da atenção para levar o nosso paciente a descobrir as manifestações mais familiares do seu corpo; as que são tão familiares é que se tornaram mecânicas, maquinais, automáticas, imperceptíveis.

O paciente redescobre, maravilhado, como se fosse a primeira vez, coisas tão simples como o desenrolar de um movimento, quando este é saboreado milímetro por milímetro; a felicidade de um cotovelo que se desdobra até os últimos graus de abertura da sua articulação; a presença tão surpreendente e enriquecedora do movimento linear escondida na concavidade de um movimento circular; a alegria de apoderar-se do impulso de um gesto desde a sua emergência na profundidade do corpo; o sentimento de liberdade, quando um braço investe numa orientação jamais explorada...

Nas primeiras sessões, freqüentemente, os nossos pacientes surpreendem-se pelo fato de que o praticante percebe, no seu corpo ou no seu movimento, fenômenos a que eles não têm acesso. Isso porque as capacidades atencionais aumentam com o treino. É natural que o somato-psicopedagogo, que tem por detrás de si muitos anos de experiência, tenha uma atenção mais aguçada. Será então importante sublinhar ao paciente os seus próprios progressos no decorrer do tempo. Qualquer pessoa é capaz de recrutar recursos de atenção mais notáveis nos quais possa acreditar, mas ignora todos recursos de atenção que ela tem e que ela vai utilizar.

A atenção possui também a capacidade de "alargar-se", de tornar-se mais global, mais panorâmica: é perfeitamente possível perceber a abertura de um cotovelo e continuar em relação com o movimento global de todo o braço. Rapidamente, o paciente torna-se capaz de estar ligado com a globalidade do movimento, em todo o seu corpo. E entrar nessa relação de globalidade com o movimento faz-lhe descobrir que este é portador de uma atenção particular; dá-se conta de que já não é ele que pousa a sua atenção sobre o movimento, mas que é o próprio movimento que o guia e o leva à descoberta de si mesmo.

O domínio atencional será facilitado, colocando o paciente em condições extracotidianas, quer dizer, em condições diferentes da vida corrente. Por exemplo, pousar a atenção num gesto efetuado lentamente permite à pessoa perceber detalhes que normalmente não percebe em velocidade normal. A lentidão, como o silêncio, é um fator que facilita grandemente a mobilização da atenção.

Convidamos o paciente a aprender progressivamente a fechar os olhos, não para se retirar do mundo, mas para aproximar-se do corpo e aumentar sua vigilância.

A nossa eficácia depende diretamente do despertar da atenção. Qualquer que seja o instrumento técnico utilizado, o somato-psicopedagogo é sempre habitado pela questão "Como desencadear, mobilizar a atenção do paciente?". É a partir de uma atenção aguçada sobre o seu movimento e sobre o seu corpo que o paciente irá descobrir o seu sentir e lhe dará um sentido. Graças ao desenvolvimento da atenção, "reaprende a aprender" e oferece uma resposta original à sua problemática que, muitas vezes, vem muito simplesmente do fato de já não aprender mais nada da sua vida.

Muitas pessoas sofrem, sem o saber, de uma perturbação da atenção que, como veremos, é uma das dez etapas que conduzem progressivamente ao mal-estar declarado[60]. O trabalho em Somato-psicopedagogia possibilita resolver progressivamente esta perturbação. Mais ainda, possibilita desenvolver uma atenção capaz de envolver sobre várias coisas de cada vez; o indivíduo revela eficácia e adaptabilidade novas que testemunham uma verdadeira reeducação na vida ativa.

A percepção

A atenção aguçada será prioritariamente posta a serviço da apropriação de informações até esse momento imperceptíveis. A metodologia que utilizamos, baseada na ativação do movimento interno e na solicitação das capacidades atencionais, possibilita ao paciente descobrir, pela percepção do movimento do seu corpo, partes de si mesmo que lhe eram desconhecidas, elementos novos (lentidão, resistência, linearidade no seio da circularidade no momento da execução do movimento, esquemas de movimento em coerência etc.), que virão mais tarde nutrir o seu processo de reflexão.

---

[60] Ver o capítulo III da quarta parte.

Nossa abordagem terapêutica privilegia a percepção ligada ao movimento, muito diferente da percepção ligada aos cinco sentidos: a visão, a audição, o odor, o paladar, o tato. Estes servem, essencialmente, para extrair informações sobre o mundo exterior. Quanto ao movimento, é um sentido dedicado a perceber-se a si mesmo, a sentir-se existir, a situar-se no espaço. Em termos simples, poderíamos dizer que "quando me mexo, algo em mim diz que sou eu que me mexo e não outra pessoa". Poderíamos quase imaginar que uma pessoa totalmente imóvel em todos os níveis do seu ser não se sentiria existir e não conseguiria, sem a ajuda da visão, saber em que postura se encontra.

Também recordei, na parte precedente, o quanto o movimento estava na origem, através da percepção proprioceptiva de si mesmo, de uma identidade orgânica fundamental, um sentimento de si mesmo encarnado. Desse modo, o movimento percebido é o elemento que vai revelar para a pessoa uma identidade ou uma sensação mais encarnada de uma identidade orgânica.

O movimento é um sentido por inteiro, mas desempenha também um papel de apoio em relação aos outros sentidos: é porque nos mexemos, desde que nascemos e, mesmo antes, que a visão, a audição, o tato podem adquirir o seu pleno desenvolvimento. Merleau-Ponty sublinhava a ligação entre a percepção e o movimento: "É o corpo em movimento que percepciona, é o corpo enquanto é capaz de ação que é a base da percepção".[61]

---

[61] **Merleau-Ponty**, *Phénoménologie de la perception*, op. cit.

Maine de Biran tinha pressentido que a percepção não está só voltada para o exterior, mas que pode também buscar na interioridade do ser: "Sou por natureza dotado de uma apercepção interna e eu tenho, no que diz respeito ao que acontece dentro de mim, esse tato rápido que têm os outros homens com objetos exteriores".[62]

Apercepção, sobretudo, não quer aqui dizer "ausência de percepção", mas "faculdade de se perceber": a percepção é a faculdade de perceber o que se desempenha na sua interioridade e de se perceber a si mesmo por essa interioridade.

Nossa prática mostra que uma pessoa não treinada se percebe mal, pouco, ou nada. F. Varela, neurobiologista, sublinha dizendo: "A capacidade de um sujeito em explorar a sua experiência não é espontânea. É uma habilidade que é necessário cultivar, é uma verdadeira profissão que solicita um treino, uma aprendizagem".[63]

Para apoiar essa perspectiva, realizamos, na Universidade Moderna de Lisboa, uma avaliação da capacidade de um grupo de sujeitos não treinados em percepcionar espontaneamente a disposição articular de um gesto simples e cotidiano, na ocorrência, o de se inclinar para a frente. Os resultados dessa avaliação surpreendem pela amplitude da distância que existe entre as pessoas e o seu corpo. Durante uma inclinação, por exemplo, que é um gesto simples de

---

[62] **Maine de Biran**, *De l'aperception immédiate*, op. cit.

[63] F. **Varela**, citado por M. **Leão** em *La Présence totale au mouvement*, éditions Point d'appui, 2003.

todos os dias para a pessoa, ela não tem a percepção articular do seu corpo, o que explica esta sensação de distância.

Das 120 pessoas do grupo, nenhuma pôde testemunhar espontaneamente a presença, no gesto realizado, do recuo da bacia, necessário à flexão da coluna. A tomada de consciência desta componente linear associada ao gesto circular foi, no entanto, realizada por mais de três quartos das pessoas, a partir do momento em que o terapeuta lhes explicou a existência antes da fase seguinte da experimentação.

Essa experiência coloca em evidência que o tipo de percepção que procuramos desenvolver com o paciente não é acessível espontaneamente. É a razão pela qual a nossa estratégia pedagógica consiste sempre em prevenir o paciente para a novidade perceptiva que está para descobrir no exercício proposto. É o princípio da diretividade informativa que expus no capítulo acerca da entrevista tissular (Segunda Parte, Capítulo 1).

A pessoa não é convidada a "acreditar" no que quer que seja, mas a descobrir por sua percepção corporal a disposição de um gesto tal como se desenrola, em todos os seus componentes, e que se torna acessível, porque a indicação do somato-psicopedagogo lhe permitiu prestar atenção.

O pensamento

O pensamento é um instrumento interno particularmente rico e complexo, mas freqüentemente percebido pelos pacientes como algo de negativo, porque não o conseguem controlar. Assim, ouvimos, por vezes, nas consultas: "Não é culpa minha, é o meu pensamento que é assim!". Tudo se passa como se as pessoas fossem vítimas de um pensamento que "pensaria sozinho", que os invade contra a sua vontade.

Num trabalho de introspecção sensorial (descrito no capítulo anterior), quando o paciente é convidado a fechar os olhos para explorar a vida silenciosa da sua interioridade, queixa-se freqüentemente de ter sido perturbado por pensamentos "parasitas". Estranha a situação, a de não se reconhecer nem no corpo, vivido como um estranho a si mesmo, nem no pensamento, vivido como exterior a si. Medimos, então, a importância da sintonização somato-psíquica a efetuar.

Outras pessoas identificam-se totalmente com os seus pensamentos; parecem dizer "Eu sou aquilo que eu penso" num corpo ausente.

Mais surpreendente ainda: por vezes, as pessoas acusam o pensamento de ser responsável por todos os seus males e o fazem o único representante do seu eu. Este debate, que poderia parecer unicamente filosófico, parece-me o centro do assunto da saúde.

Será possível ajudar uma pessoa a instalar uma relação menos complexa e mais enriquecedora com o seu próprio pensamento, a partir da imediatez da vivência corporal? Porque o pensamento não é apenas o desenvolvimento mais ou menos ordenado ou caótico de idéias ou de imagens; é também um instrumento precioso graças ao qual podemos discriminar, categorizar, compreender a vida, a nossa própria vida. Descartes considera o pensamento como o instrumento com o qual ele introduz a sua "dúvida metódica", procurando distinguir o seu pensamento próprio dos "enxertos de pensamento" recebidos ao longo da sua vida; "quem somos nós, o que é que nos pertence como nosso, qual o pensamento que nos pertence", em toda a aglomeração de idéias que coabitam nas nossas cabeças!

A relação de ajuda que propomos propõe-se a dar às pessoas os meios de clarificarem as suas escolhas de vida, de recusar as idéias às quais não aderem e que criam perturbação na sua mente.

A partir de uma escuta atenta do seu corpo, o paciente é levado a refletir e fazer a triagem entre as suas crenças, evidências, expectativas e representações e a realidade dos seus impulsos profundos. Talvez para chegar à questão: "O que é que eu quero verdadeiramente, uma vez que eliminei tudo o que não quero, tudo o que me faço suportar, ou que me fazem suportar?".

De forma geral, a nossa abordagem terapêutica vincula-se menos ao conteúdo do pensamento que à relação que estabelecemos com ele. O que nos interessa é reabilitar o pensamento como instrumento de comunicação entre si e si mesmo, entre si e os outros, mantendo o seu enraizamento numa vivência corporal rica em significados.

Poderemos tornar mais eficiente a percepção do nosso próprio pensamento? Poderemos tornar-nos menos escravos do nosso pensamento, dando um passo em direção a ele, distinguindo-o e apoderando-nos dele a partir da sua emergência corporal, que nasce de uma ligação íntima com o movimento interno em si mesmo?

Numa sessão somato-psicopedagógica, a primeira condição, para ajudar o paciente a construir uma relação diferente com o seu pensamento, é o silêncio.

Leonor, uma menina que conheço bem, surpreendeu-me, um dia, parecendo, com cinco anos, ter já bem compreendido a importância do silêncio: durante todo o trajeto de um longo passeio, guardou silêncio até o momento em que a interroguei: "O que é que te aconteceu, porque é que não falas?". Ela ainda ficou mais um pouco calada antes de responder: "Não falo porque estou a pensar". Depois, de novo, o silêncio instalou-se. Após alguns longos minutos, perguntei-lhe: "Quando é que reconheces que não pensas?". Ela disse: "Quando falo".

É um fato, quando guardamos silêncio o pensamento revela-se de forma diferente.

Na prática, após a sessão de sintonização somato-psíquica manual, o paciente está pronto para uma escuta do seu pensamento plenamente ligado à escuta do seu corpo. A pessoa está sentada, descontraída, e o terapeuta guia verbalmente a sua atenção sobre diferentes aspectos do seu pensamento. Ela acede, progressivamente, a este pensamento do corpo que, pelas informações que oferece, revela uma espantosa criatividade, livre de determinismos do pensamento habitual, tão fechado nos modos de representação que ela própria criou. A pessoa atinge um lugar de emergência do pensamento imediato, que é também o lugar do sensível, provoca-nos esta possibilidade de expressar um pensamento espontâneo, onde todo o pensamento produz uma percepção e onde toda percepção é pensamento.

Para os pacientes que recebemos na consulta, o pensamento é igual e freqüentemente assimilado ao mundo do imaginário. Poderíamos, então, acusar a nossa metodologia de estar demasiado ancorada na realidade concreta do corpo em detrimento desse imaginário. Na verdade, solicitamos muito a função imaginária, mas sempre a partir de um ato concreto. Por exemplo, voltando a dar sentido a um acontecimento do passado a partir da sua marca corporal, como se revela na sessão ou elaborando um significado a partir da vivência de um movimento que tentamos realizar.

É claro que não reativamos, é uma escolha terapêutica, o imaginário como tradução enigmática, construída a partir do intelecto e independentemente da experiência. Levada ao extremo, a construção do imaginário conduz, em algumas pessoas, a uma relação com o mundo em que o real é o que lá não está: o negativo, a falta, a ausência tornam-se mais reais e mais importantes do que o que está presente; o que é enigmático é mais importante do que o que é clara e distintamente percebido por intermédio do corpo que sente.

A Somato-psicopedagogia procura o retorno à realidade tangível e para tal utiliza os instrumentos internos e fisiológicos do sujeito: sua percepção, sua atenção, seu movimento, seu corpo. É a partir do que lá está, do que é tangível, presente, percebido, que construímos a nossa relação de ajuda.

No entanto, reabilitar o pensamento como instrumento interno e torná-lo mais eficiente graças ao treino será suficiente? Infelizmente, nem sempre. Sê-lo-ia, se o pensamento fosse simplesmente um pergaminho inscrito no cérebro, mas a sua expressão é freqüentemente impedida pela carga emocional e afetiva que veicula. Quantas pessoas, ainda que tenham vontade de gritar o que pensam, estão encerradas no mutismo! Um mutismo que não existe sem uma causa real. O ambiente, muitas vezes, não permitiu ou não permite à pessoa dizer o que ela pensa: "Não ouso dizer-lhe, não tenho outro meio de evitar o conflito".

É também aquela criança a quem se repetiu muitas vezes: "Cala-te!". Aquele adolescente com quem ralhamos: "Só sabes dizer asneiras!". O adulto a quem se diz: "O que dizes não é pertinente!". Outros tantos indivíduos que, num clima permanente de insegurança, acabaram por perder o direito à palavra, por se calar, por se julgar, para se desvalorizarem em silêncio.

Qual a atitude terapêutica face a este gênero de situações? Fora da investigação de um trauma do passado, convidamos a pessoa a reconciliar-se com a sua palavra e encontrar uma forma de dizer as coisas que seja bem acolhida pelo ambiente que as envolve. Solicitamos a pessoa na sua maneira de se exprimir, assim como na sua maneira de ouvir o que lhe é dito pelos outros: tudo pode ser dito, mas não de qualquer maneira.

A partir daí inicia-se uma estratégia pedagógica que leva o paciente a formular o seu pensamento livremente, sem ser julgado ou contestado, graças ao clima de empatia corporizada que reina entre ele e o seu terapeuta.

Quando o pensamento se encontra sintonizado com o sentir, o sentido da vida da pessoa revela-se de maneira mais clara. O "eu sei que sinto" muda de estatuto e transforma-se em "eu sinto que sinto", "eu vivencio e analiso o que sinto". O indivíduo já não age apenas em função do que pensa, mas também em função do que vivencia.

A memória

A memória é, antes de mais, a faculdade que nos permite lembrar. Um instrumento que permite, a partir de determinado ponto, projetar-se no passado. Mas será apenas isso?

Para poder lembrar-se, é necessário ter memorizado. A memória é, então, também a faculdade de memorizar. Mas memorizar o quê? Como? Será que estamos sempre conscientes do que memorizamos ou não memorizamos? A memória é um fenômeno complexo.

O estudo das patologias da memória mostrou a sua importância para a construção biográfica da identidade psicológica. O. Sacks conta a história do marinheiro que tinha perdido a capacidade de memorizar os acontecimentos[64]. Ele estava de algum modo "bloqueado" em determinado momento da sua vida, no seu passado, sem poder integrar conscientemente a evolução da sua vida. Após ter descrito as perturbações profundas que esta situação originava, O. Sacks concluía: "Cada um de nós tem uma biografia, uma narrativa interior, cuja continuidade constitui a nossa vida, [...] e esta narrativa somos nós mesmos, é a nossa identidade. [...] Um homem tem necessidade desta narrativa interior contínua para conservar a sua identidade, o eu que ele constitui".

Por vezes, um mal-estar pode nascer de uma ausência de ligação entre as diferentes seqüências da sua existência. A história da sua vida assemelha-se a uma linha pontilhada, sem pontes para preencher os intervalos, onde os instantes de vazio pontuam o desenrolar do destino. E é nos vazios que vem insinuar-se o terreno do mal-estar. Será a lembrança suficiente para restabelecer a continuidade da ligação?

---

[64] **Sacks** O., em *L'homme qui prenait sa femme pour un chapeau*, Point Seuil, 1992.

De forma menos evidente, numa primeira abordagem, a memória permite também uma projeção no futuro: todos nós, num dado momento, memorizamos e integramos sob forma de representação uma vida ideal. E tentamos regularmente reinventar a nossa vida a partir desse ideal, dando-lhe um sentido futuro, esperança de outra existência.

Esse dado é essencial. Já que esta é uma memória prospectiva, que podemos definir como um lugar de ancoramento de todas as expectativas, serve em permanência de padrão à existência real. E se é importante ter projetos de vida, também é importante não se deter em expectativas puramente fictícias e saber adaptá-las à realidade. Muitas decepções na vida cotidiana vêm de uma inadequação entre a realidade e as expectativas; neste caso, procurar as causas da dificuldade no passado só poderá conduzir ao insucesso: é o conjunto das representações projetadas que é necessário reconsiderar.

Quando a memória projetiva é movível e adaptável, constitui, num lugar essencial de mobilização, um referencial que inscreve a ação numa lógica temporal de conjunto, contribuindo para a coerência global da nossa existência, dando um sentido futuro.

Assim, conceber a memória unicamente como um instrumento de transmissão para o passado não leva em consideração o lugar que possui no nosso percurso terapêutico. Para nós, a noção de temporalidade engloba passado, presente e futuro. Esta globalidade de coerência temporal oferece um lugar de confiança em que nos podemos apoiar, quando a vida corre mal. Quando um dos pilares dessa trilogia está perturbado, quer seja a relação ao passado, ao presente ou ao futuro, o conjunto do edifício desaba. Não somos apenas testemunhas das pistas da vida, somos também atores conscientes do seu desenrolar.

A memória, como a encaramos é, antes de mais, uma história de conexão, de relação. Lembrar-se de acontecimentos passados pode muito bem não veicular nenhum princípio formador, se nos restringirmos ao seu conteúdo, mas também pode constituir um pretexto para explorar o modo de relação, o processo de conexão que o paciente estabelece com a sua existência.

A vivência

Nossa metodologia convida o paciente a "vivenciar" as coisas: "vivenciar" o corpo, o movimento, suas percepções, seu pensamento. Mas o que quer dizer "vivenciar"? Essa noção difere para nós da noção de "sentir", mesmo que, muitas vezes, os dicionários (em francês) assimilem os dois termos. Por exemplo, o dicionário diz-nos para o verbo "sentir": "vivenciar uma sensação, um sentimento agradável ou penoso"; para "vivenciar": "ter uma sensação, um sentimento; sentir".

Uma segunda definição da palavra "vivenciar" traz uma informação interessante: "Pôr à prova, verificar a qualidade ou o valor de; sentir a resistência de um material; sentir a boa fé de alguém".

Esta segunda definição desvela a parte ativa contida no ato de vivenciar: tomar consciência do que é sentido de forma mais clara e distinta, mais aprofundada; extrair as suas características, os componentes, por exemplo, para cercar os contornos ou compreender o significado.

O ato de vivenciar define-se como certa relação à experiência, a pessoa guarda uma atenção de presença durante toda a experiência para observar o que acontece, graças a este tipo de relação, caracterizada pelo fato de ser simultaneamente o ator e espectador da sua experiência. É na simultaneidade dos dois posicionamentos que se situa o traço característico desta relação à experiência. O mais freqüente é a compreensão da experiência que se faz em duas etapas: quando se vive a experiência (é aqui que intervém a noção de sentir), e quando nós a (re)visitamos *a posteriori,* para ter a referência e compreender os conteúdos.

Para nós, trata-se de fundir as duas etapas numa só, de estar presente à sua experiência e a si mesmo na experiência ao mesmo tempo. O que é importante não é só estar em relação com a experiência (o que poderia ser o sentir), mas também de perceber-se no seio da experiência (o que daí se vivencia).

Numa sessão de sintonização manual, o paciente pode viver várias etapas de sensação. A primeira corresponde a "eu percepciono": ele sente a sensação da mão do somato-psicopedagogo em seu corpo, da pressão dessa mão e até, eventualmente, a circulação autônoma do movimento interno no seu corpo. Ele sente sem forçosamente fazer alguma coisa com essa sensação. Em último caso, ele poderia quase pensar em outra coisa, enquanto a sensação se desenrola no seu corpo.

A segunda etapa corresponde a "eu percepciono que percepciono": o paciente toma plenamente consciência da sua percepção, registra, está presente à sua percepção.

A terceira etapa é a do "eu percepciono os efeitos da minha percepção". O paciente está atento não só à sua percepção de base, mas ao mesmo tempo aos efeitos produzidos no seu corpo pelo fato de perceber. Esses efeitos são sentidos nome adamente sob a forma de estados de alma particulares que emergem da profundidade do corpo. É o que designo como tonalidades. Aqui intervém a vivência, quando a pessoa se torna capaz de captar essas tonalidades e se deixar tocar por elas, por vezes a ponto de se deixar transformar por elas.

Vivenciar a sua experiência e não se contentar apenas em senti-la é, do nosso ponto de vista, uma condição indispensável para que a experiência seja realmente formadora. Não basta viver as experiências para aprender alguma coisa. Quantas pessoas nos vêm consultar, com o sentimento de que a sua vida não tem sentido, enquanto a sua vida está plena de experiências ricas, mas das quais não tiraram sentido, por não as terem realmente vivenciado!

Aprender com a vida começa por aprender a vivenciar as suas experiências. Para tal, instalar o quadro de trabalho da atenção é um preliminar necessário. A lentidão, o silêncio e a solicitação atencional serão em seguida completadas por elementos que virão favorecer a emergência das tonalidades: suportes musicais, convites à captação de estados de alma que nascem espontaneamente no decorrer da sessão e deixá-los desenvolver-se em toda a sua dimensão expressiva.

É descobrir o que eu chamo de auto-empatia, a empatia consigo mesmo.

A empatia e a reciprocidade atuante

O que é empatia? Uma capacidade intuitiva de partilhar e compreender os estados físicos e mentais do outro. É uma forma de comunicação não-verbal, não refletida, imediata, universal; uma inter-subjetividade primordial, comum a todos; uma faculdade profundamente humana de entrar em ressonância com o outro, perceber as suas expectativas invisíveis, escutar as suas necessidades inaudíveis, captar os seus apelos silenciosos.

Ajudar o paciente a desenvolver a natureza e a qualidade das suas capacidades empáticas torna-se, para o somato-psicopedagogo, uma questão essencial. Mas como fazer? Muitas vezes, a qualidade empática é vivida como um "dom" ou como um fenômeno quase exterior que se produz ou não segundo critérios que nos escapam... Uma espécie de alquimia cujos componentes não são claramente percebidos e que por vezes temos a sorte de vivenciar com algumas pessoas, não com todas; em todo caso, não depende da vontade. Certo mistério envolve a empatia...

Nossa experiência leva-nos a afirmar que as capacidades empáticas são perfeitamente educáveis e melhoram consideravelmente, quando desenvolvemos as capacidades perceptivas do nosso corpo.

C. Rogers apóia o essencial da sua terapia sobre a relação empática com o seu paciente, chegando mesmo a dizer que "um grau alto de empatia na relação é provavelmente o fato mais potente – ou, em todo o caso, um dos mais potentes – na determinação da mudança e da aprendizagem".[65]

Se Rogers tem toda a minha admiração pela qualidade de ressonância que estabelece com o paciente, ressonância que transparece em todos os seus escritos, fala sempre de empatia por parte do terapeuta, nunca da parte do paciente. Tudo se passa como se a responsabilidade da relação empática assentasse inteiramente no terapeuta, o que pode parecer ir de encontro à própria definição de relação, implicando por natureza todos os seus protagonistas ao mesmo tempo.

A Somato-psicopedagogia tem como objetivo uma abordagem que ensina ao paciente como ser ele mesmo capaz de empatia, antes de tudo, para consigo mesmo. Distinguimos claramente a auto-empatia – a capacidade de entrar em profunda relação consigo mesmo – e a hetero-empatia – a capacidade de entrar em relação com os outros. A hetero-empatia será muito mais forte, se puder apoiar-se na auto-empatia intensa.

Nos dois casos, a empatia repousa na vivência corporal: a vivência do seu próprio corpo e a vivência do corpo do outro. A compreensão intelectual recíproca será uma conse-

---

[65] C. **Rogers**, *Le développement de la personne*, op. cit.

qüência – feliz – da empatia do sensível, em nenhum caso como ponto de partida da relação.

É também importante que o paciente possa entrar em relação de empatia com o seu terapeuta! Este jogo de empatia é de tal forma importante no acompanhamento do paciente que designo esta relação, não como relação de empatia, mas como relação de reciprocidade atuante: atuante porque resulta de um ato consciente de dois parceiros, e reciprocidade porque, quando paciente e terapeuta estão em relação com o seu próprio sensível e um com o outro, a assimetria paciente-terapeuta elimina-se em proveito de uma comunidade de presença.

A regulação tônica

Uma parte importante do nosso trabalho terapêutico manual e gestual dirige-se à arquitetura tônica do paciente. O tônus constitui um traço de união maior entre o mundo corporal e o mundo psíquico. Gosto de apresentá-lo como a linguagem corporal do psiquismo.

O que é o tônus?

É um estado de contração muscular de base que constitui a trama de todos os movimentos e atitudes. Mesmo em repouso, nossos músculos apresentam um estado de contração mínima que assegura ao corpo a manutenção da sua forma e da sua consistência. Esse estado tônico de base serve de suporte às contrações musculares mais importantes que assegurarão o movimento.

É por esta função de manutenção que o tônus é também o reflexo do nosso estado interior: podemos sentir-nos em repouso, enquanto o tônus muscular revela que estamos muito tensos. Não é raro que, durante um tratamento manual, o terapeuta peça ao paciente: "Repouse sobre a mesa". O paciente é freqüentemente surpreendido por esse convite, porque não se dá conta de que o seu corpo está fechado numa cadeia de tensões que não lhe dão a oportunidade de relaxar completamente.

Aprender a perceber os diferentes estados da sua própria tonicidade, numa situação terapêutica e em situações cotidianas, possibilita à pessoa entrar num processo de auto-observação e vivência corporal, em que aprende a escutar o seu corpo que deseja algo e se exprime por modificações tônicas.

Quando o tônus interno é demasiado elevado, o humor torna-se negativo, agressivo, impaciente; a abertura psíquica diminui, o indivíduo instala-se de boa vontade numa hiperatividade. Quando o tônus interno é muito fraco, o humor é de tonalidade apagada, ou até mesmo depressiva; o indivíduo instala-se na passividade, como se o seu corpo inteiro se abandonasse e se demitisse.

O significado psicológico do tônus encontra a sua origem na primeira infância: para o recém-nascido, o estado de quietude está ligado à descontração muscular ou até mesmo à hipotonia, e o estado de desprazer, à tensão, à hipertonia. O tônus informa o estado interior do bebê aos que o rodeiam, não porque este dê voluntariamente um sentido às suas próprias variações tônicas, mas porque essas variações acompanham naturalmente de modo significativo as suas necessidades, pedidos e humores.

De forma surpreendente, os adultos, assim como quem os rodeia, compreendem espontaneamente esta linguagem não-verbal. Estudos demonstram que a capacidade de interpretar o estado tônico de um indivíduo parece ser inata e não necessita de aprendizagem. Esta via de comunicação, particularmente empática, foi chamada de "diálogo tônico" por H. Wallon[66] e alargada à noção de "diálogo tônico-postural" por J. Ajuriaguerra[67].

Nos bebês, o tônus é um fluxo de comunicação que circula também no outro sentido, do adulto para a criança. Desde os primeiros dias de vida instala-se entre o recém-nascido e os adultos, nomeadamente a mãe, uma forma de comunicação corpo-a-corpo, uma troca de perguntas/respostas por diferentes intensidades de tônus. Seguro nos braços, o bebê capta através do seu corpo as variações tônicas da pessoa que o carrega, como uma melodia de tensões com nuances que ele escuta, e graças às quais acede aos estados interiores do seu interlocutor: prazer, inquietude, angústia, ternura, vontade de ação são outros tantos estados representados no plano tônico. O recém-nascido responde, fazendo variar o seu próprio tônus de modo a identificá-lo ao que ele sente no outro[68].

---

[66] Por exemplo, **Wallon** H., "*Kinesthésie et image visuelle du corps propre*", *Enfance* n° 3/4, 1959.

[67] **Ajuriaguerra** J. de, "*De la psychomotricité au corps dans la relation avec autrui*", *Évolutions psychiatriques, Tome 27*, 1962 ; e "*Le corps comme relation*", *Revue de Psychologie Pure et appliquée, Tome 21*, n° 2, 1962.

[68] Ver, por exemplo, **Stern** D., *Le monde interpersonnel du nourrisson*, PUF, 2003, e *Journal d'un bébé*, Odile Jacob, 2004.

Se o tônus, associado ao movimento, representa a primeira linguagem da criança, a sua função de expressão não desaparece, quando a linguagem aparece. Na idade adulta, as variações tônicas continuam a transmitir profundos significados interiores, como uma linguagem anterior às palavras que continua a falar para além do aparecimento das palavras.

Para a fisiologia, existem três formas de tônus: o tônus postural, que assegura a manutenção do equilíbrio; o tônus de acomodação, que regula a tensão muscular durante a execução de um movimento, e aquele que nos interessa mais, o tônus de antecipação, que prepara o corpo para a ação assim que emerge a intenção e antes mesmo que a ação se ponha a caminho. O tônus de antecipação encontra-se no coração do processo da adaptabilidade somato-psíquica. É como uma corda estendida entre o psiquismo e o corpo que interagem em permanência.

Toda a nossa ação terapêutica solicita prioritariamente o diálogo tônico antecipatório, tanto sobre o plano fisiológico, como sobre o plano psicológico[69]. Esta ação faz-se por intermédio do jogo das modulações que se manifestam no decorrer da sintonização somato-psíquica manual e gestual, nomeadamente durante a fase do ponto de apoio (pausa). O terapeuta considera essas modulações e harmoniza-as no decorrer do tratamento; quanto ao paciente, é convidado a percebê-las e, pela via da vivência, compreender o seu significado.

---

[69] Para mais detalhes, ver **Courraud-Bourhis** H., *Le Sens de l'équilibre* e **Courraud** C., *Attention et Performance*, éditions Point d'appui, 2002.

3

A Sintonização Perceptivo-cognitiva

Os dois capítulos precedentes mostraram como, no plano prático, a pessoa pode reconectar-se com o sensível do seu corpo e reencontrar a eficácia plena dos seus instrumentos internos. Atualmente, o processo de transformação consiste em estabelecer ligações entre o mundo da experiência sensorial e o mundo das representações cognitivas, o mundo do pensamento reflexivo, sem o qual, muitas vezes, o processo terapêutico não é conduzido até o seu termo.

O processo de transformação

Já sublinhei várias vezes o fato, capital para o nosso projeto, de que os fenômenos internos emergentes da profundidade do corpo são portadores de um sentido para a pessoa. Foi com o desejo de tirar plenamente partido dessa potencialidade que pus em prática a pedagogia da sintonização perceptivo-cognitiva.

Se o encontro com o sensível do corpo é, por vezes, suficiente para reconciliar a pessoa consigo mesma e o seu potencial de evolução, minha experiência me demonstrou que o contrário também é possível. A que se deve isso? Uma primeira resposta é que a pessoa encontra a novidade no seu corpo com um olhar antigo[70]. Outra resposta é que a pessoa não sabe como extrair sentido dessa experiência extracotidiana.

Esses são os objetivos da modificabilidade perceptivo-cognitiva: ensinar à pessoa a extrair sentido da sua experiência, ensinar a enriquecer o seu olhar sobre os acontecimentos, enriquecer as representações que ela pode ter desses acontecimentos.

Foram essas reflexões que me conduziram na procura de uma abordagem integrativa do desenvolvimento cognitivo posto em jogo na relação com a vivência interna. Esta vivência exige de nós um olhar novo sobre o funcionamento cognitivo, porque, na maior parte das vezes, ele é de natureza totalmente inédita ou até mesmo inconcebível fora da experiência em si.

Do fato de consciência à tomada de consciência

É muito importante não confrontar logo a pessoa com as suas representações. Sem o ponto de apoio que representa a experiência corporal, exterior ao mundo do pensamento, a confrontação poderá ser demasiado violenta ou ineficaz: a pessoa não pode aceder a uma nova compreensão sem ter mudado antes o ponto de vista. É por essa razão que insisto tanto na sintonização corporal como ponto de partida do processo de transformação.

---

[70] Desenvolvi esta problemática no capítulo sobre os instrumentos internos.

O ponto de partida do processo de transformação é sempre uma experiência vivenciada, uma percepção nova, proveniente de um imediato e portadora de um novo sentido. Designei essa nova experiência "fato de consciência": uma informação contingente, única, gerada pela experiência imediata corporal e contendo índices que facilitam a compreensão dessa vivência.

À revelação do sentido dessa nova experiência dei o nome "fato de conhecimento". O fato de conhecimento pede por parte da pessoa um investimento reflexivo que não esteja separado da experiência. Trata-se menos de uma reflexão do que de uma atualização. E o resultado dessa reflexão toma geralmente a forma de uma invariante, de um sentido que não fala apenas de uma pessoa única, mas que se torna lição geral para quem quiser escutar.

À compreensão da ligação entre este sentido novo e os comportamentos da pessoa, à transferência entre a experiência extracotidiana e a vida cotidiana, dei o nome de tomada de consciência. Esta é a etapa mais delicada, porém a mais rica de informações para a pessoa, que aprende com a sua experiência algo aplicável à sua vida.

Ao longo do processo de aprendizagem e de transformação, é necessário tomar em consideração as representações. Tanto a experiência perceptiva como a sua compreensão e a sua integração reclamam o enriquecimento das representações habituais da pessoa. A importância desta questão exige algumas observações.

Representações perceptivas e representações cognitivas

Para explicar a natureza diferenciada das representações perceptivas e conceituais, nada melhor que uma pequena história... Umberto Eco conta, no seu livro *Kant e o ornitorrinco*, consagrado à noção de representação[71], a história da chegada de Cortez ao México, que desembarca com algumas centenas de homens, armas e cavalos, para conquistar o império asteca. Os astecas nunca tinham visto cavalos e ficaram, alguns surpreendidos, outros em pânico, com a presença daqueles estranhos animais envolvidos em couraças e com sons surpreendentes. Como é que a novidade foi apreendida? Que representação construíram sobre essas "coisas"? Animais? Deuses? Não sabemos.

Aqueles que assistiam ao desembarque na praia ficaram em frente dessas "coisas"; Montezuma, o deus-imperador, no seu palácio, não: mantinham-no informado; seus informantes transmitiam-lhe mensagens que contavam o que ia acontecendo. Perdemos esses relatos; porém, podemos imaginar o que diziam. Será que os informantes descreveram os animais "tais como eles eram"? Será que tentaram classificá-los em categorias que eles dominavam, serpentes com patas, monstros divinos...? Será que utilizaram metáforas? Será que interpretaram essa chegada como mensagens dos deuses? Não sabemos...

---

[71] **Eco** U., *Kant et l'ornithorynque*, Grasset, 1999.

Escolhi esse tipo de questões para ilustrar quais são os diferentes registros descritivos de uma experiência fora do comum: a descrição simples, a "coisa tal como ela se oferece", segundo a fenomenologia; a figuração imaginária, criativa, mas distanciada da realidade; a interpretação, o apelo ao simbólico.

A história não fica por aqui. É interessante perguntarmo-nos sobre o que se passou na cabeça de Montezuma pela leitura dos relatórios dos seus informantes. Que representação construiu das "coisas", ele, que não vivenciou a experiência? Como leu esses relatórios? Que tipo de imagem teria tido na cabeça? Como terá compreendido as palavras utilizadas nos relatórios? Ainda menos o sabemos.

Essa situação salienta bem a diferença entre viver uma experiência e fazer uma idéia dessa experiência. Os primeiros astecas, na praia do desembarque, tentaram construir uma representação perceptiva do que viam, do que viviam; tentaram categorizar essa percepção e assimilar essas "coisas" ao que já conheciam. Montezuma, esse, pôde apenas construir uma representação conceitual dos acontecimentos, aos quais não tinha acesso.

Para os astecas na praia, a confrontação fazia-se com um "visível", um "palpável"; a interpretação da realidade podia estar fora das suas representações habituais, fora do seu esquema de compreensão, mas a experiência era bem visível e o que acontece com as informações que emergem da interioridade corporizada, desse "interior a si mesmo" que se sente no invisível? Os instrumentos cognitivos utilizados são os mesmos? A mobilização da atenção é idêntica? Que categorização é possível? E alguém que não tenha feito a experiência dessa vivência, como pode até imaginar o que pode ser, conquanto essa experiência sai dos nossos *a priori*? A confrontação com as nossas representações habituais do movimento e da vida do corpo é incontornável.

A confrontação e a aprendizagem

O primeiro desafio é a percepção de um fato de consciência vindo da experiência interna. Qual o problema com que a pessoa é confrontada? Todo fenômeno íntimo radicalmente novo para a pessoa pode não ser percebido, porque o olhar não pousa sobre esse fenômeno, no lugar certo. Como pode a pessoa discernir os fatos de consciência que se situam fora do seu campo de representação? Não é o olho que percebe uma forma exterior, mas a consciência que deve alargar o seu "campo de atenção interno" para aceder ao fato de consciência que emerge da interioridade.

Já assinalei várias vezes os limites da atenção habitual, sobretudo se ela se restringir apenas aos contornos perceptivos conhecidos. W. James atribui esse fenômeno à estreiteza do campo da consciência: "Eis um dos caracteres surpreendentes da vida mental: só percebemos a mínima parte das impressões que assaltam constantemente a nossa periferia sensorial".[72]

Inversamente, se o indivíduo aprende a dominar toda uma gama de graus intermediários de atenção, acede rapida-

---

[72] **James**, W., op. cit.

mente a fatos de consciência que ultrapassam o seu campo perceptivo habitual. Alguns, no entanto, disponíveis à consciência da pessoa, não são levados em conta, permanecendo ignorados: são vistos, sem ser vistos; conhecidos, sem ser reconhecidos.

Por trás dessas questões, permanece o desafio do "construtivismo perceptivo"[73]. As teorias da aprendizagem mostraram há muito tempo que qualquer pessoa apreende uma novidade, ao compará-la com o modelo conhecido mais parecido. Compreendemos por que uma pessoa tem dificuldades em apropriar-se da expressão mais exata dos fenômenos internos, já que a sua tendência é compará-los com o que já conhece.

Foi Piaget quem formalizou o processo de aprendizagem, ao detectar três etapas invariantes[74]. A primeira fase da aprendizagem consiste em assimilar: o estudante assimila a novidade ao que ele já conhece. A novidade é transformada, deformada, para "encaixar-se" nos esquemas representacionais conhecidos. Quando a assimilação não é mais possível ou quando o pedagogo aponta os limites dessa primeira etapa, vem a segunda etapa, a acomodação: o estudante muda os seus modos representacionais, enriquece-os, para adaptá-los à novidade, não para adaptar a novidade aos modos representacionais. Esta fase é, muitas vezes, vivenciada como

---

[73] A expressão faz referência à teoria construtivista da aprendizagem de Jean Piaget.

[74] Cf. **Piaget** J., *La psychologie de l'intelligence*, Armand Colin, 1998, ou *L'équilibration des structures cognitives*, PUF, 1975.

um desequilíbrio. A aprendizagem estabiliza-se, quando o estudante integra perfeitamente a novidade; é a fase final à qual Piaget chama equilibração.

Será que a pessoa tem realmente os meios de explicitar e produzir conhecimentos, sem modelos de representação conhecidos? Tudo depende das suas aquisições e nomeadamente dos hábitos que adquiriu ao longo da sua vida.

Recordo-me de um estudante que, ao fim de um ano de formação, ainda não tinha sentido a realidade do movimento interno no seu corpo. Qual era o obstáculo? Em uma discussão muito viva, no decorrer da qual ele chamava à atenção os formadores acerca do seu "vocabulário complicado para descrever o movimento interno", explicou: "O movimento interno é simples: são os batimentos cardíacos, os movimentos do diafragma durante a respiração...". Ele tinha assimilado um desconhecido ao que conhecia melhor, a fisiologia clássica interna do corpo! A atualização desta representação, nunca verbalizada, foi o acontecimento catalisador do seu processo de aprendizagem.

Face a uma experiência inédita e durante a fase de acomodação, certas pessoas verificam processo de "rejeição", de deformação das informações novas. Bourgeois, que aplicou as teorias de Piaget ao mundo da formação de adultos[75], menciona a presença inevitável de um conflito cognitivo em todo o processo de aprendizagem: "Numa perspectiva construtivista, consideramos que só poderá haver aprendizagem, ou seja, transformação 'majoritária' de uma estrutura

---

[75] **Bourgeois** E., Nizet J., *Apprentissage et formation des adultes*, PUF, 1997.

de conhecimento prévio, se, por um lado, uma parte dessa estrutura tiver sido ativada e confrontada em determinado momento com informação exterior e, por outro lado, se essa confrontação tiver culminado num 'conflito cognitivo', ou seja, no questionamento da estrutura anterior".[76]

Estudos na Universidade Moderna de Lisboa oferecem-nos elementos de compreensão sobre o que se passa, quando uma informação interna inédita deve ser incorporada por uma pessoa. O conhecimento das resistências geradas por uma "vivência interior" e as estratégias de regulação ativadas pelos pacientes trazem informações importantes para a nossa pedagogia.

Análise das resistências da acomodação ao contato do imanente[77]

Tentei isolar certo número de atitudes que encontramos freqüentemente nos estudantes confrontados com a novidade corporal ou cognitiva.

Questionar uma competência

Face à possibilidade de adquirir uma nova aptidão, muitas pessoas têm tendência a questionar a aptidão antiga. Segue-se uma resistência interna que torna a tarefa de apren-

---

[76] E. **Bourgeois**, préfacio a **Albarello** L., *Devenir praticien-chercheur*, De Boeck, 2004.

[77] Estudo realizado dentro do quadro do CERAP, com uma população de estudantes em formação contínua universitária. As citações entre aspas correspondem a excertos de diários de investigação.

dizagem difícil. Por exemplo: "Eu me encontrei na incapacidade total de assimilar mais conhecimentos, até ter mesmo a sensação de saber cada vez menos, como se toda uma parte da minha aptidão se apagasse inexoravelmente".

O desconforto face à transição

Por vezes, o período de acomodação ao novo saber estende-se no tempo, em particular quando a experiência vivenciada não se pode inscrever num referencial de base. Numerosos estudantes testemunham um período crítico, uma espécie de "meio termo" desconfortável em que ainda não têm o domínio da nova representação ou das novas aptidões e, ao mesmo tempo, não conseguem encontrar um suporte no que sabiam antes. Essa atitude reencontra-se no testemunho: "É-me impossível funcionar como costumava para satisfazer às minhas exigências, por um lado, e sentir-me seguro, por outro".

A resistência à implicação

Muitas vezes, os estudantes descrevem tonalidades internas que os tocam e que os levam a gerir um "conflito provisório" entre o que é sentido e o que é pensado: "Não é tanto ao próprio fato de aprender que resisto, mas ao fato de ser tocado pela transformação a decorrer e validá-la". O comentário dessa estudante tomará a forma de um lapso que ela própria notará: "Como é que podemos ter tanto medo de a sensação avançar? (escrevo 'tanto medo' ao invés de 'tão pouco'!)".

Vemos, assim, que um dos problemas encontrados, muitas vezes, é a acomodação perceptiva, que é mais rápida do que a acomodação conceptual.

O tudo ou nada

Encontramos outra invariante pela estratégia do "tudo ou nada", que se apóia sobre um modo de pensamento binário: "Se não é sim, é não! A vida é simples e clara". Mas, no decorrer do processo de transformação, uma tomada de consciência acontece e o sistema binário aparece como vazio em profundidade: "Como somos rapidamente posicionados, não há necessidade de pesar os prós e os contras, de refletir. [...] Eu me contentava com pouco ao abordar superficialmente o assunto".

No entanto, o tempo de acomodação é mais ou menos longo segundo as pessoas, como o menciona essa estudante: "Foi-me necessário estar ao pé da parede, ou mesmo 'na parede' para decidir realmente aprender alguma coisa com o que me acontecia, e isso desencadeava uma resistência à altura do desafio subjacente".

Outra estudante deu-nos um testemunho significativo: "Tenho muitos pensamentos ou sentimentos de caráter 'definitivo', como se certas coisas em mim fossem impermeáveis à mudança".

O controle

Alguns estudantes têm prontidão em conquistar a imediatez no coração do ato perceptivo; outros, ao contrário, parecem privados dessa capacidade e encontram, em vez disso, o seu modo de funcionamento. Assim, uma estudante refere: "No decorrer deste curso, vários elementos não percebidos até então apareceram. Eles me revelaram a minha estratégia máxima: o controle. Como posso eu ter uma atitude de controle permanente e desejar transformar-me? Isso parece-me incoerente".

É claro que uma grande percentagem de estudantes se confronta com noção de controle que se manifesta sob diferentes formas: fazer abstração do que é perturbador; não refletir; recusar ver o que existe; estar sempre em ação; nunca ousar ser... Todas essas reações são outras tantas estratégias para tentar manter o controle da situação. Mesmo se a pessoa reconhece bem os efeitos "contraproducentes" da sua estratégia, como descreve muito bem esta estudante: "Quando eu controlo, eu permaneço no conhecido, que só representa uma parte ínfima da minha vida, e desse modo privo-me de tudo o que seria possível".

O medo do desconhecido

Para outros, o mais difícil de gerir é o medo do desconhecido, que reclama do pedagogo paciência infinita e respeito todos os instantes, já que este medo estrutura os comportamentos de maneira profunda: "No entanto, eu me abro, é o meu desejo mais profundo, é como um grito no meu interior. Como se tivesse a minha vida enrolada à volta da minha coluna vertebral e esta se endireitasse e, no entanto, é o meu medo que está lá, ancorado nos meus músculos, nos meus ossos, no meu ventre. Eu sinto isso cada vez que tenho medo de perder as minhas referências, de estar sem proteção. Finalmente, o medo de estar face ao desconhecido".

A modificabilidade perceptivo-cognitiva

A fase de confrontação é, muitas vezes, delicada de viver e ultrapassar, mas é sempre acompanhada da experiência do sensível, do potencial de transformação disponível da pessoa. Confrontação e oportunidade de mudança andam a par, como no ato terapêutico manual. O ponto de apoio manual é uma confrontação com a imobilidade estagnante no tecido e uma oportunidade para a vitalidade profunda expressar-se.

Designei o conceito como processo de transformação, juntando-lhe a noção de modificabilidade perceptivo-cognitiva. O termo modificabilidade engloba três idéias. Em primeiro lugar, faz referência à noção de potencialidade que descrevemos no primeiro capítulo deste livro: existe em todas as pessoas uma potencialidade de desenvolvimento, que pode ser apreendida através da relação com o movimento interno.

Também está ligada à noção proposta pelo pedagogo israelita R. Feuerstein, de uma inteligência evolutiva em todas as idades: "A inteligência é um processo constante de mudança em função das necessidades do nosso organismo, interno e externo".[78]

---

[78] **Feuerstein** R., *Médiation éducative et éducabilité cognitive autour du PEI*, Chroniques sociales, 1996.

A inteligência evolutiva repousa na noção de plasticidade neuronal, que as neurociências atuais mostraram ser mais importante do que era suposto até então[79]. As neurociências evocavam o termo falando em "plasticidade adormecida".

O adjetivo perceptivo-cognitivo precisa o fundamento prático da nossa pedagogia. Como já o disse, é a experiência perceptiva, portadora de sentido, que alimenta a reflexão.

Não se trata de fazer um retorno mental sobre a sua experiência para "fabricar" um sentido, no qual a "cabeça", sobrepondo-se ao "corpo", começasse a "refletir" sobre a experiência vivenciada. Não, trata-se antes de uma atividade simultânea, no próprio decorrer da experiência, da consciência perceptiva que capta os fenômenos internos e da consciência reflexiva que, em testemunho, observa o que vivemos na experiência e que lhe capta determinados significados.

Articular a consciência perceptiva e a consciência reflexiva não quer dizer que raciocinamos sobre as ou a propósito das percepções (nesse caso, existiria uma separação entre as duas), mas que pomos em funcionamento toda uma capacidade de captar um sentido a partir das percepções. Nessa relação íntima e fundadora de uma percepção sensível, extraída do movimento interno, pode-se construir progressivamente outra relação com o pensamento ou até uma nova forma de pensamento.

Essa é a ligação muito particular entre a percepção e a cognição que dá sentido à própria noção de modificabilidade perceptivo-cognitiva.

---

[79] Ver a apresentação de Marc **Jeannerod** no seu livro *Le cerveau intime*, Odile Jacob, 2002.

Uma tomada de consciência

Esse caso mostra o culminar de uma tomada de consciência a partir de uma experiência perceptiva. Michèle é uma jovem formadora, cheia de entusiasmo e dinâmica, chegando mesmo a ser dirctiva, scgundo os seus próprios termos: "É preciso agarrar os meus estagiários! Está fora de questão deixá-los desviar-me do objetivo da formação". Ela estava presente numa jornada de apresentação da Somato-psicopedagogia, sem nunca ter conhecido o nosso trabalho.

No início do ateliê, participava, mas sem qualquer tipo de entusiasmo, prudente: esperava por "provas". O somatopsicopedagogo que animava este ateliê fê-la encontrar a experiência com um trabalho numa cadeira, trabalho manual e gestual.

Então, sentada na cadeira, a experiência consistia em fazer, de olhos fechados, movimentos com todo o tronco, para a frente e para trás, numa lentidão que lhe permitia sentir o efeito desse movimento. As suas primeiras tentativas mostraram rapidamente que ela só fazia o movimento com a parte superior do tronco, sobretudo com a cabeça, mas com uma bela implicação. Tudo isto à imagem da sua personalidade: implicada e diretiva!

O praticante convidou-a a implicar as suas vísceras, e coluna lombar. Impossível. Ela se defende: "Estou a avançar com o meu tronco todo, sinto-o bem!". Mas a mão atenta do praticante fê-la sentir a imobilidade da parte inferior do tronco. As tentativas seguintes revelaram-se também infrutíferas. O praticante fá-la sentir manualmente os impulsos bem presentes no nível das suas lombares. A pressão da mão é franca, ao longo de todo o trajeto, doce, mas diretiva: é preciso que as lombares de Michèle se ativem e comecem a sua caminhada. Subitamente, o movimento interno das lombares revela-se à atenção de Michèle, mais lentamente, o sorriso na sua face mostra que saboreia melhor o que se passa. O seu tronco avança e recua numa bela globalidade.

Michèle testemunha: "É incrível, eu posso fazer o mesmo movimento, mas com todo o meu corpo; eu tinha a impressão de me implicar plenamente, tanto quanto no início, mas com muita suavidade". É um fato de consciência: Michèle sente pela primeira vez que a suavidade acompanha o seu movimento; o conhecimento, o sentido geral veiculado por esta experiência: a suavidade acompanha a globalidade na implicação. A experiência foi frutífera, uma vez que ela própria acrescenta: "Eu estou em formação sempre firme, com punho de ferro, tentarei de outra forma a partir de segunda-feira: a mesma coisa, mas com a suavidade; isto deverá ser ainda mais eficaz!". Foi a sua tomada de consciência: Michèle fez a comparação e a transferência diretamente para a sua vida profissional ...

Quarta Parte

CURAR O SER SENSÍVEL

Depois dos conceitos principais da Somato-psicopedagogia, esta quarta parte mostra como gerir a dor e o sofrimento.

Uma vez que a Somato-psicopedagogia quer restabelecer as ligações entre o corpo e o psiquismo, é importante mostrar como aborda as problemáticas do mal-estar, temática do capítulo 3.

A minha experiência fez-me descobrir que, ao lado das patologias específicas do mal-estar, existem patologias mais gerais, "invariantes", que não dependem necessariamente de uma história pessoal; são patologias inerentes à relação da pessoa consigo própria. Designei-as como patologias do não-ser, objeto do capítulo 2.

No capítulo 1, apresento como a Somato-psicopedagogia age sobre os sofrimentos.

1

Cuidar das Somatizações

Toda patologia física ou psíquica pode ser encarada como ruptura com uma fisiologia. É a razão pela qual o primeiro objctivo da Somato-psicopedagogia é restaurar a integridade desta fisiologia do corpo.

Dei-me conta de que as rupturas mais graves não eram forçosamente as mais visíveis; as rupturas com o sensível do corpo permanecem, muitas vezes, fora do campo de consciência da pessoa. O que é necessário restabelecer não é tanto a fisiologia em si, mas a relação que a pessoa estabelece com o seu corpo. Abordarei esse ponto no capítulo seguinte.

Gostaria agora de mostrar como a Somato-psicopedagogia age sobre os sofrimentos vividos, visíveis, sejam eles de origem física ou psíquica.

A dor física

Um dos nossos objetivos prioritários é dar ajuda eficaz às pessoas que sofrem de dores agudas ou crônicas, por vezes rebeldes a todos os tratamentos antálgicos clássicos. Nossa especificidade é procurar as causas da dor diferentemente das que procura a medicina clássica.

Não é raro que um paciente chegue à nossa consulta após um longo "percurso de combate" que o leva de um médico para outro, de um serviço hospitalar para outro, no decorrer do qual se sujeitou a exames múltiplos para ouvir arremessar o diagnóstico que cai como um cutelo: "Você não tem nada. É psicossomático". O problema é que a pessoa sofre e a dor procura apoiar-se ou não numa lesão orgânica detectável.

O somato-psicopedagogo dirige-se ao paciente de outra maneira: ele parte do princípio de que um corpo que está mal tem forçosamente alguma coisa que não está bem. Cabe-lhe descobrir onde e o quê.

A noção de "perturbação ainda não revelada"

Para detectar a origem da dor de que o paciente fala, o praticante utiliza a abordagem manual. A mão especialista sabe onde se deve pousar, em relação com o conhecimento anatômico da região a tratar. Conhece os gestos que vão liberar as tensões musculares, as opressões das membranas, os bloqueios articulares, as compressões vasculares, os encerramentos das vísceras... Outros tantos fenômenos podem ser por si mesmos os responsáveis pela dor e, no entanto, escapam aos exames médicos clássicos, mas que uma mão treinada pode captar.

Falamos de perturbações ainda não reveladas. É ainda muito cedo para falar de patologia orgânica; já que esse tipo de patologia não é reconhecido como tal pela medicina. Esse fato agrava ainda mais o sofrimento do indivíduo que se vê invalidado pelos "que sabem", continuando a não saber por que ou de que sofre. Cada um sabe que uma dor de origem desconhecida é ainda mais angustiante do que uma dor cuja causa está diagnosticada.

O alívio dos pacientes é intenso, quando lhes explicam com palavras simples que a dor ocorre pelo aprisionamento de um nervo entre duas membranas demasiado tensas, que o joelho está repuxado entre músculos crispados que limitam a sua amplitude e que as enxaquecas provêm de um tônus demasiadamente elevado do pescoço que restringe a vascularização do crânio. Não sofrem sem razão, existe uma razão e por fim compreendem-no!

Consideremos, para melhor compreender a nevralgia do trigêmeo, situado no topo da categoria das dores, ladeada pelas algias vasculares da face e das cólicas nefróticas.

A nevralgia do trigêmeo[80] é, na nossa linguagem, uma neuropatia de reclusão, isto é, uma patologia resultante do aprisionamento de um nervo em determinado local do seu trajeto, devido a tensões tissulares que o encerram. Essa reclusão pode ocorrer entre dois músculos, ou entre um músculo e um canal ósseo ou, ainda, no interior de uma membrana. Sendo o nervo trigêmeo responsável pela sensibilidade facial, a sua compressão provoca uma dor insustentável que invade todo um lado da face.

É conveniente procurar todos os constrangimentos suscetíveis de exercer compressão sobre o nervo, ao longo do

---

[80] Nevralgia: dor específica de um nervo, o trigêmeo; é um nervo craniano responsável pela sensibilidade do rosto. A nevralgia do trigêmeo produz eventualmente dores intensas na face.

seu trajeto. É necessário verificar sistematicamente o estado de densidade dos ossos implicados nesse trajeto: o osso temporal e o osso occipital do crânio, a maioria dos ossos faciais, as vértebras cervicais. A mão do praticante interroga o estado de tensão dos músculos mastigadores, fontes, muitas vezes, de contrações extremas que podem comprimir o nervo e perturbar a vascularização local. As membranas intra-cranianas não serão esquecidas, as suas tensões podem ser responsáveis pela compressão nervosa.

Agimos dessa forma com outras dores neurológicas de origem periférica[81], que tocam a região do pescoço e do braço, a região lombar, a coxa, a barriga da perna ou a região do púbis e a parte anterior da coxa... Algumas sessões são igualmente suficientes para aliviar outros tipos de dor, como um lumbago resistente, um entorse recente, uma dor nas costas reincidente, um ombro recalcitrante ou um cotovelo doloroso.

Em todos os casos, a nossa ação terapêutica implica sempre a globalidade do corpo, pois não é raro que o núcleo inicial da dor acabe por desencadear compensações de todos os gêneros. Esse mecanismo encontra a sua explicação na organização das fáscias, que desempenham um papel de correia de transmissão para a cadeia patológica, desencadeando dores distantes da zona de partida. Trata-se de uma estratégia de solidariedade do corpo, cujas diferentes partes se organizam para absorver o melhor possível o desequilíbrio de uma delas e aliviar, à sua maneira, a sede da dor inicial.

---

[81] Por exemplo, as nevralgias cérvico-braquiais, as ciatalgias, as cruralgias etc.

Conhecemos bem esse mecanismo, que leva a mão do praticante a voltar ao tempo da patologia: ela interroga a vida tissular e capta rapidamente a "cronologia espacial" das tensões sucessivas, que liberta até encontrar o problema inicial.

Somos por vezes igualmente levados a colaborar com centros anti-dor devido a dores que resistem a qualquer tratamento médico clássico nos pacientes portadores de patologias mais pesadas. Nesses centros, as equipes médicas estão muitas vezes abertas à pluralidade das disciplinas (relaxamento, hipnose, sofrologia, osteopatia, fasciaterapia...), sensibilizadas pelo fato de que a dor é um fenômeno complexo que necessita de uma gama de saberes múltiplos.

A síndrome dolorosa crônica[82] é, muitas vezes, um fracasso para os tratamentos clássicos. A origem física da dor, se existiu, desapareceu há tempo, mas a dor e o sofrimento que a acompanham, não. Então, o corpo e o conjunto das fáscias instalam-se na memória desse sofrimento permanente e tornam-se rebeldes aos tratamentos clássicos[83].

Nesses casos, a relação de ajuda através do toque manual encontra um terreno de aplicação privilegiado, não só no nível dos sofrimentos somáticos, mas também na reconstrução de uma relação sadia com o corpo.

---

[82] Uma síndrome dolorosa crônica é uma dor que dura há mais de seis meses, segundo a definição clássica.

[83] O leitor interessado poderá consultar o artigo do Dr P. Picard, *«Une si longue souffrance»*, em *Thérapie et Mouvement*, éditions point d'appui, 2001.

O toque antálgico

A mão do terapeuta revela-se uma ferramenta bastante útil, capaz de erradicar de forma pontual, mas profunda, as dores nas diferentes partes do corpo; uma mão que é chamada, quase implorada, para aliviar as zonas em sofrimento e permitir ao paciente ganhar um pouco de descanso, repousar, por vezes mesmo adormecer... Uma mão que propicia o sentimento de ser de novo tocado com humanidade num contexto extremamente medicamentado.

Os pacientes esperam com impaciência esse momento, em que partem de novo ao encontro do seu corpo para se reconciliarem com ele; com tanto sofrimento, eles acabavam, por vezes, por renegá-lo totalmente, abandoná-lo na cama, numa espécie de insensibilização de repouso. O regresso ao corpo é freqüentemente sentido como um retorno à dignidade, uma validação de si mesmo, já que a negação do corpo é ao mesmo tempo a rejeição de uma parte de si mesmo.

O toque ativo, visto como estimulação tátil e cinestésica, age de forma eficaz sobre a dor[84]. Compreendemos o interesse do toque manual nos pacientes que sofrem de dores crô-

---

[84] A estimulação tátil e cinestésica (quer dizer que solicita ao mesmo tempo o sentido tátil e o movimento da pele) desencadeia um sistema inibidor da dor ao agir sobre a córnea posterior da medula-espinhal (é a chamada teoria do batente de Melzack et Wall, ver **Melzack**, *The Puzzle of Pain*, Basic Books, 1973): a velocidade de transmissão da informação táctil e cinestésica sendo mais rápida que a da informação nociceptiva, a percepção de um estímulo da pele predominará sempre sobre a mensagem dolorosa. Esse fenômeno explica, por exemplo, por que nos esfregamos energicamente quando batemos em algo: a sensação de esfregar passa à frente da dor!

nicas. Tanto mais quando sabemos que um toque de relação ativa a secreção de endorfinas[85] no sistema nervoso central.

Como o explicamos na parte precedente, o tipo de toque manual utilizado em Somato-psicopedagogia solicita a modulação tônica e nomeadamente o tônus de antecipação: este último tem como função, à mínima intenção, preparar o corpo para a ação antes da realização da ação. Ora, este tônus de antecipação está diretamente ligado ao tônus psíquico: quando o tônus do corpo se relaxa sob o efeito do gesto terapêutico, o paciente também relaxa. Ele sente um relaxamento das tensões psíquicas que geralmente traduz da seguinte forma: "É bizarro, antes da consulta estava tenso e preocupado. Agora, sinto-me apaziguado, como que 'pousado em mim', e otimista".

O par dor/sofrimento

Na nossa abordagem, não se trata apenas de acolher a queixa verbal do paciente, como também escutar a sua queixa corporal, pela mediação do toque manual. O par dor/sofrimento é complexo de separar, porque, se o psiquismo é um elemento amplificador do fenômeno doloroso, o corpo é sempre a sua vítima. É nele e através dele que o efeito terapêutico se efetiva concretamente. É por essa razão que, se for evidente que uma psicoterapia verbal irá influenciar de forma positiva a relação com o sofrimento, a experiência de-

[85] As endorfinas são neuromediadores segregados pelo cérebro que têm função de inibição sobre os centros superiores que têm ligação com a dor.

monstra igualmente que um trabalho corporal, conduzido conjuntamente, terá incidência real simultaneamente sobre a dor e o sofrimento.

Tomemos o exemplo de uma dor lombar inexplicada que acabaria por diminuir a atividade de uma pessoa, atingindo a sua vida afetiva, emocional, a sua libido. Podemos abordar neste caso a problemática do sofrimento por entrevistas verbais, procurando um traumatismo psíquico causal. Mas não devemos excluir a eventualidade de um bloqueio mecânico não revelado, que um gesto manual adequado saberá liberar rapidamente.

Alguns pacientes, sofrendo de transtornos articulares, procuram alívio numa abordagem terapêutica física, ainda que a causa dos seus males seja de natureza psíquica.

É a razão pela qual, qualquer que seja a dor corporal, devemos conduzir a ação terapêutica sobre duas frentes: a física e a psíquica. É esse o desafio da Somato-psicopedagogia. Por trás de uma dor, não o esqueçamos nunca, está uma pessoa em sofrimento. O somato-psicopedagogo, se for um especialista da dor do corpo, não descurará das queixas psicológicas, nem das perturbações do humor que acompanham, muitas vezes, a dor ou que constituem por si um motivo de consulta. Ele acompanha identicamente as pessoas que sofrem de mal-estar, de síndromes pós-traumáticos, dificuldades psicológicas sem alterações das operações intelectuais.

Da crise de angústia que oprime a garganta ou o coração, à artéria coronária entupida, que causa comportamentos depressivos, a dor física e o sofrimento psíquico são indissociáveis como duas línguas para dizer a mesma palavra, de angústia ou esperança.

A primeira forma de ligar os dois na nossa ação terapêutica é permitindo ao corpo reencontrar o contato com o bem-estar. A mão do praticante não é apenas um alívio para a dor, ela apazigua a angústia, faz derreter as opressões, propaga um calor benéfico.

Mas se a mão do terapeuta é apaziguadora, a sua palavra também o deve ser. Face a uma depressão, à ansiedade massiva, ao medo de morrer ou de viver, devemos trazer uma ajuda verbal com vários objetivos.

Em primeiro lugar, informamos o nosso paciente sobre as ligações entre o seu corpo e o seu psiquismo. Por exemplo, uma perturbação do seu sistema neurovegetativo[86] – taquicardia (o coração que bate demasiado depressa), obstipação ou diarréia, vertigens, náuseas, problemas respiratórios – pode explicar a aparição de crises de angústia; uma ligeira tensão no crânio, na articulação entre os ossos temporal e occipital, pode levar a uma depressão passageira mais intensa.

Explicamos como o seu corpo, face a um traumatismo físico ou psíquico, sabe organizar-se espontaneamente. Os estudos realizados sobre o estresse mostram que o organismo é capaz de desencadear um processo de adaptação a qualquer situação crítica, convidando o corpo a pôr-se em ação de forma adequada: é o que designamos como via de ressonância de um choque.

---

[86] O sistema nervoso autônomo que regulariza a atividade dos órgãos, sistema muito sensível à ansiedade e às emoções.

A via de ressonância de um choque

Confrontado com o traumatismo, o corpo reage na sua biologia e fisiologia. Um traumatismo inscreve-se sempre nos tecidos, perturbando momentaneamente as funções nervosas, a circulação sangüínea, o ritmo dos tecidos de membrana (fáscias), a liberdade articular e o psiquismo.

Esse conjunto de reações não detectáveis pelos exames médicos clássicos, mas inscritas no corpo, constitui a via de ressonância de um choque[87] e traduz a adaptação natural e espontânea do corpo face a um traumatismo. Quando a pessoa está em forma e sua vitalidade física e psíquica é suficiente, estas reações não duram mais do que o tempo necessário à adaptação e o corpo retorna rapidamente ao seu estado de base.

Por vezes, a intensidade do choque ultrapassa a capacidade de absorção do momento. Algumas fases perdem sua reversibilidade e o nível correspondente encontra-se fixado na sua perturbação. O mesmo processo de fixação patológica pode produzir-se, quando o medo, a angústia ou a dúvida se imiscuem no processo fisiológico: as representações negativas, os mecanismos de projeção perturbam o retorno espontâneo ao equilíbrio.

---

[87] A via de ressonância de um choque abrange oito níveis de reações que terão de ser avaliadas manualmente uma a uma e liberar minuciosamente: reações neurovegetativas e neurovasculares; crispações das fáscias; perturbações do tônus; tensões musculares; perturbações dos ritmos tissulares e fisiológicos (respiração, pulso e movimento interno); bloqueios mecânicos articulares; perda sensorial; sensação de mal-estar.

Assim, depois de um choque, pode subsistir, por muito tempo, um abrandamento do débito sangüíneo ou uma crispação dos tecidos numa zona do corpo, arrastando com o tempo um sintoma ou uma patologia, expressão final de um longo processo silencioso de degradação das funções fisiológicas.

O que chamamos somatização não é senão a expressão individual de uma fixação patológica em determinado nível da via de ressonância de um choque.

Cada pessoa "somatiza" à sua maneira: uns na cabeça (dores de cabeça, enxaquecas...), outros nas vísceras (coração, ventre, aparelho genital...); outros ainda no nível articular (lombalgia, dores de ombros). Essas tendências individuais desenham por esses sintomas espécies de identidades patológicas. Numa pessoa, o mal-estar desencadeará sistematicamente um problema ginecológico, noutra, manifestações cutâneas ou ainda queimação no estômago.

Essas somatizações encontram-se também nas fáscias. Sensações de um aperto na cabeça são causadas por uma crispação da fáscia da dura-máter que recobre o cérebro e a medula espinhal. A crispação das fáscias, que envolvem as vísceras do tórax e do ventre – a pleura, que recobre os pulmões, o pericárdio, que envolve o coração, ou o peritônio, que envolve o conjunto das vísceras do abdômen – gera sensações de opressão no ventre ou no tórax. E cada pessoa desenvolve uma espécie de "afinidade" particular com um ou outro tipo de fáscia...

A relação de ajuda manual liberta de forma metódica cada nível da via de ressonância de um choque. A vida biológica do corpo harmoniza-se de novo, o sistema neurovegetativo reencontra o seu equilíbrio, a circulação sangüínea responde de novo à solicitação dos tecidos, o tônus excessivo relaxa, as crispações das fáscias cedem, como as imobilidades. A sensorialidade é reativada, tornando de novo perceptível a presença do movimento interno. O mal-estar desaparece.

Dois casos clínicos

Os dois exemplos seguintes encontrados em contexto de gabinete ilustram os temas apresentados.

André, 65 anos, consulta um somato-psicopedagogo devido a dores de barriga crônicas que puseram em xeque a medicina clássica.

Face à ausência de diagnóstico, André não está confiante: "Disseram-me que não tinha nada, vê-se bem que não são eles que estão sofrendo no meu lugar!"

Com expressão desiludida, acaba por confessar: "Disseram-me que era psicológico!" O médico provavelmente nunca disse isso ao André, mas foi o que ele compreendeu na terminologia: perturbação psicossomática. "Nunca me senti tão jovem na minha mente, prossegue ele com ênfase, a minha cabeça está bem, mas o meu corpo não o sabe!"

O seu terapeuta, que tem sempre presente na mente a eventualidade de uma lesão orgânica não revelada, procurará uma origem corporal para o sofrimento. Mesmo que os procedimentos médicos de rotina tenham sido cumpridos, talvez exista uma perturbação tissular que não esteja visível nos exames. Após o diagnóstico manual, o terapeuta detectará uma crispação do diafragma, restringindo a vascularização das vísceras. Algumas sessões serão suficientes para aliviar o André.

Aurélie é uma jovem na casa dos trinta, que começou uma carreira profissional interessante e que, segundo ela, não tem problemas pessoais. Mas, porque há sempre um mas, veio à consulta devido a cefaléias crônicas, incapacitantes, que a obrigam a interromper regularmente o seu trabalho, por vezes durante um dia inteiro. Aurélie acaba por confessar que as suas cefaléias começaram no fim da sua adolescência. ("Por volta dos 16 ou 17 anos, já não sei.") Mas vive com elas, adaptou-se, "Que outra coisa poderia fazer?", diz. Os exames médicos nunca revelaram nada e nenhum tratamento clássico ou outro resolveu os seus problemas.

Conta, mas não de imediato que, na adolescência, caiu de uma escada e bateu com a cabeça no chão. Conta também que, alguns meses mais tarde, um acidente de automóvel lhe provocou o "golpe de coelho" (golpe brutal na nuca); fora doloroso, mas sem mais... Após esses dois acontecimentos, as cefaléias instalaram-se progressivamente, e cada vez mais freqüentes. No início os medicamentos faziam efeito, mas, depois, cada vez menos.

Rapidamente, o praticante deu-se conta de que a mobilidade cervical estava reduzida, que os movimentos de inclinação se fazem apenas de um lado e com amplitude reduzida. Como se a coluna cervical viesse sempre colocar-se numa posição particular, desviada. Algumas sessões tiveram o efeito de restaurar o eixo movente da coluna cervical. Cada progresso era acompanhado por uma verdadeira mudança de intensidade e freqüência das dores de cabeça. A cura foi completa ao fim de alguns meses.

Apesar disso, Aurélie continua os tratamentos, quando sente necessidade; uma vez que as sessões transformaram a sua relação consigo mesma e com o seu corpo, que não é mais objeto de sofrimento como o foi durante anos.

2

O Retorno ao Ser Sensível

O sofrimento psíquico pode ser abordado de várias formas, explorando os traumas ligados à história individual da pessoa, ou procurando uma causa mais geral da problemática pessoal. Este capítulo é dedicado à descrição das patologias que implicam mais especificamente a relação com o sensível; as que designei como patologias do não-ser, patologias que pertencem à categoria das causas universais, e as patologias que pertencem às relações da pessoa consigo mesma.

As patologias do não-ser

Como cheguei à definição desse conceito? Mais uma vez, foi a prática cotidiana que me permitiu pousar o meu olhar sobre essa problemática. Constatava regularmente que, para além das histórias pessoais, singulares, relatadas pelos meus pacientes, aparecia como cenário uma espécie de opacidade coletiva: temas comuns a várias problemáticas e que pareciam voltar constantemente. A partir dessa opacidade coletiva e após numerosas observações, caracterizei um conjunto de insuficiências que se relacionavam com possíveis perturbações da relação que a pessoa estabelece com os elementos importantes da vida em geral e não apenas particular.

Em primeiro lugar, anotava a pobreza perceptiva mais comum nos meus pacientes. Constatava também a distância entre a pessoa e o seu corpo, entre ela e a vida interna do seu corpo. Nunca suporia, na época, que este estudo me levaria a interrogar, não só a qualidade da presença da pessoa a si mesma, mas também a sua relação com a ação, as suas modalidades de percepção do mundo que a envolve e a sua maneira de aprender a partir do que vive.

Afinal, defini como patologias do não-ser as relações insuficientes com o corpo, com o silêncio, com a vivência, com a imediatez, com o impulso criador e com o sentido da vida.

A relação com o corpo

Atualmente privilegia-se a velocidade, o desempenho e o rendimento. O homem mergulha num universo em que se queixa de ter cada vez menos lugar. A sua atenção está constantemente voltada para os acontecimentos exteriores e os seus interesses estão orientados para o êxito social, profissional, familiar...

Se, nesse contexto pouco favorável ao desenvolvimento do ser, o nosso paciente se interrogasse: "Como posso dar um novo sentido à minha vida?", provavelmente sentir-se-ia desconcertado, se o seu terapeuta lhe respondesse: "Voltando à vida que existe no seu corpo". Essa sugestão pode parecer banal, porque a vida existe graças ao corpo. No entanto, este é, muitas vezes, o executante banal de um espírito considerado superior.

Vemos assim a maioria dos nossos pacientes pousar o corpo sobre a mesa do terapeuta manual como se levassem um instrumento para arranjar, enquanto, quando consultam o seu "psi", parecem inteiramente investidos no seu processo terapêutico.

No entanto, o corpo está presente em tudo. Na publicidade e no cinema, é valorizado na sua aparência, deve ser belo e jovem. A relação com o corpo adota um sentido restrito à sua única dimensão social e de aparência. Existe um curioso paradoxo: as pessoas debatem-se para conservar um corpo atraente, apenas na aparência, e desinteressam-se pelo que não se vê do exterior.

J.-C. Guillebaud vê esta evolução da relação com o corpo como "uma espécie de desvanecimento do real (do corpo) em proveito da sua pura e simples representação". Ele afirma veemente: "Contrariamente ao que poderíamos pensar, o corpo está menos sacralizado nos tempos que correm do que discretamente dispensado em proveito da sua imagem".[88]

Existe mesmo, cada vez mais, como que uma fobia do próprio corpo. O corpo físico mete medo; o toque do corpo é suspeito. J.-C. Guillebaud sublinha: "Podemo-nos espantar, de que a celebração contemporânea do corpo é acompanhada por um ódio estranho – e novo para o 'corporal' no primeiro sentido do termo".[89]

---

[88] **Guillebaud** J.-C., *Le goût de l'avenir*, Seuil, 2003.

[89] Ibid.

Esse distanciamento do corpo não facilita o acesso à dimensão sensível. Claude faz parte das pessoas que, desde a primeira sessão, se encontraram perante a constatação de que o corpo está vivo e é sensível. Embaraçado, declara: "Quando pousou as suas mãos sobre mim, senti o meu corpo fundir-se em algo de extremamente delicado. Senti ondas saborosas atravessar o meu corpo em todos os sentidos".

Como explicar-lhe que se tratava da vida, da essência da vida que corre na sua matéria? De qualquer modo, Claude partiu sem a dor que comprimia a sua região lombar e pela qual tinha vindo à consulta. Uma semana mais tarde, Claude marcou uma nova consulta: "A minha dor física desapareceu, mas quero voltar a reviver o que senti!"

Estamos ainda longe da idéia de um corpo inteligente, que dá por si mesmo as respostas sem passar pelo crivo do pensamento refletido. Claro que o corpo não "pensa" no sentido próprio do termo, mas dá informações que participam da vida reflexiva, em todo o caso que deveriam participar. O corpo diz-nos coisas, fala-nos.

Quando os nossos pacientes vêm à consulta, sentem freqüentemente uma dicotomia entre o que sentem e o que pensam e não sabem em que confiar. Dizem muitas vezes: "O meu coração diz-me para fazer uma coisa, mas a minha razão diz-me para fazer o contrário". Situação difícil... Quando a razão e o coração não estão de acordo, pode instalar-se uma grande perturbação. A experiência do "corpo que sabe" é a resposta a esse paradoxo.

A relação com o silêncio

É raro que as pessoas se concedam tempo para escutar o silêncio. "Perda de tempo", dizem uns; "Tenho mais que fazer", dizem outros. E uma grande parte delas parece mesmo até sofrer de um verdadeiro medo do silêncio.

Inúmeros fatores podem explicar esse fenômeno, entre eles o que poderíamos chamar "efeito espelho" do silêncio. No silêncio, reflete-se a nossa própria imagem, reflexo que nem sempre nos agrada. Uma paciente descreve a sua incapacidade de reencontrar o silêncio em si mesma: "Os pensamentos que se agitam na minha cabeça fazem ruído e impedem-me de ficar calma. Sinto sempre uma atividade na minha cabeça que não consigo parar. É por isso que me envolvo sem parar em tarefas diversas. Durante esse tempo, pelo menos, não penso".

A experiência do silêncio não se confronta apenas com um pensamento que invade, pode também levar a descobrir que o reencontro consigo mesmo não devolve nada que seja atrativo: "Quando estou sozinho e não faço nada, aborreço-me". Uma frase inofensiva, que, no entanto, parece querer dizer "Aborreço-me comigo mesmo". Estar sozinho não será estar consigo mesmo?

Outra paciente, Patrícia, muito volúvel, apresenta traços de personalidade histéricos: sempre muito rodeada, procura uma companhia que seduz pela sua vivacidade e alegria. Mas, quando se encontra sozinha, face ao espelho, cai num desespero: "É insuportável, não suporto estar sozinha comigo. É horroroso aborrecer-me deste modo comigo mesma".

No início do tratamento, não suportava ficar mais do que trinta segundos de olhos fechados e em silêncio. Tinha vontade de fugir: "Fico, apenas porque a sua voz me dá segurança, me acalma". Algumas sessões mais tarde, o silêncio tinha sido conquistado, como que domesticado por ela.

Após seis meses de trabalho em Somato-psicopedagogia, Patrícia mudou; durante as sessões de terapia manual e gestual, descobriu o gosto por si mesma, um sabor de que não suspeitava e até mesmo uma qualidade de presença que ignorava.

Para chegar a esse resultado, utilizamos uma evolutividade comparável à que é utilizada no tratamento de fobias pelos métodos cognitivo-comportamentais: a familiarização é progressiva, a orientação verbal e manual está muito presente no início para progressivamente se tornar mais discreta. Os silêncios são, no início, muito curtos e alongam-se no decorrer das sessões. Pouco a pouco, o medo desaparece, o temor do vazio dissipa-se, a pessoa encontra prazer e felicidade com o seu encontro interior.

Observei várias vezes que o encontro harmonioso com o silêncio após um tratamento tem efeitos curativos notáveis. Henri, por exemplo, tinha, ao começar a terapia, uma reação muito comum: "Preciso do silêncio. Todas as semanas, vou para a minha casa de campo, é vital para mim. Há pássaros, o ruído das folhas acariciadas pelo vento, eu ganho forças". Ele não via nenhuma utilidade em dedicar momentos para parar tranqüilamente e tentar sentir os efeitos que o silêncio do exterior produzia no interior do seu corpo. Após cinco sessões, acedeu à qualidade do seu próprio silêncio; um silêncio que não vinha do exterior, mas da sua interioridade. Um silêncio que não era uma ausência de ruído, mas a ressonância de todas as coisas na profundidade da vida interior do corpo.

O silêncio propicia outros efeitos restabelecedores. Um homem que, ao escutar o seu silêncio interior, descobriu a mais bela parte de si mesmo: "Eu sofria por me achar feio, mas, quando encontrei a beleza no meu interior, reconciliei-me com a minha imagem". Essa experiência foi muito saudável para ele, pois reencontrou a confiança, a afirmação de si próprio e toda a sua vida mudou. Observei que muitos pacientes, quando deixam de recear o silêncio começam a valorizar-se, a apreciar-se.

Contrariamente ao que poderíamos crer, manter o silêncio não é não dizer nada, é sobretudo um momento de diálogo intenso conosco, instante durante o qual nos descobrimos diferentes, em que certos segredos vêm à superfície e maneiras de ser são detectadas.

Freqüentemente ouço, no decorrer das minhas consultas, as pessoas confidenciarem que utilizam o mutismo como modo de dialogar com certas pessoas, uma maneira muito própria para serem escutadas pelo outro. Outras contam o quanto são nutridas na partilha de momentos de silêncio com um ser querido. Percebemo-nos quanto o silêncio é um canal de comunicação muito revelador, mais significante do que se pensa: existe o silêncio do mutismo, o silêncio pesado, o silêncio frio, o silêncio antipático, o silêncio incomodativo.

Lembro-me, quando, antigamente, procurava a presença de seres espirituais, de ter sido tocado pela atmosfera que reinava no silêncio que eles sabiam instalar em torno de si. Era a sua maneira de comunicarem o essencial, de transmitir o que não se podia dizer de outra forma. Vivia momentos de silêncio enriquecedor nos quais se instalava uma verdadeira empatia, um verdadeiro ensinamento. É claro que esses encontros influenciaram a minha maneira de comunicar-me com os pacientes. Aprendi que da qualidade do silêncio que se desprende de uma pessoa depende, em parte, a qualidade da sua presença ao seu corpo. É a razão pela qual a aprendizagem da relação com o silêncio passa, sempre, pela mediação do corpo.

A relação com a imediatez

Restaurar uma relação familiar com os fenômenos da vida íntima do corpo, ter uma atenção de qualidade sobre o silêncio são as primeiras condições de uma relação renovada consigo mesmo. Todavia, dou importância ainda maior à relação que a pessoa instaura com a esfera da imediatez, caminho privilegiado para interrogar o ser profundo.

A minha experiência demonstrou-me que a atenção espontânea, habitual, não é adequada para captar a imediatez. É importante sublinhar que captar a imediatez não quer dizer «perceber o tempo do relógio», feito de segundos exteriores a si. Trata-se, pelo contrário, de perceber um acontecimento que se desenrola no interior do corpo convidado a aparecer uma só e única vez no campo de consciência da pessoa.

Existe uma verdadeira inaptidão para penetrar na imediatez. A causa deve-se freqüentemente a uma relação angustiada com a temporalidade, podendo chegar a uma verdadeira fobia da imediatez: o medo do tempo que passa leva a sobrevoá-lo, a ocupá-lo e, ao fazê-lo, a pessoa passa ao lado da sua experiência. O tempo dá a certas pessoas uma sensação vertiginosa, porque com ele insinua-se o espectro do último suspiro. A vida parece não ser mais do que uma trajetória temporal, feita de um passado penoso ou de um futuro virtual, cheio de angústias.

A abordagem psicológica clássica do "aqui e agora"[90] reenvia à atenção ao que está acontecendo ou "acaba de acontecer": sobre um pensamento, uma emoção, um sentimento do presente, mas, por vezes, com atitudes antigas, isto é, olhares que pertencem aos hábitos de pensamento e de vida.

O princípio da imediatez faz apelo a outra dimensão: no termo imediatez, incluo todos os fenômenos interiores que se revelam no instante do presente. A imediatez acrescenta-se à noção de presente, à idéia de novidade vivenciada corporalmente, como uma intensidade que se manifesta num tempo suspenso, em oposição a um tempo que se desenrola numa inconsciência corporal. É no recinto do corpo que se desenrola o futuro da imediatez.

O acesso à imediatez pode ser aprendido, solicitando à pessoa uma atitude introspectiva sensorial, voltada para o

[90] Ver um exemplo interessante, na perspectiva fenomenológica, **Stern** D., *Le moment présent en psychothérapie*, op. cit.

corpo e para o movimento. Ao reapropriar-se do conteúdo da imediatez, a pessoa tem o sentimento de viver cada segundo intensamente, de estar presente a si própria. Ao cuidar da presença à imediatez, penetramos tanto a relação com o passado como a relação com o futuro.

Como procedo para possibilitar que uma pessoa acolha a imediatez? Em primeiro lugar, convido-a a realizar movimentos numa lentidão extrema mais fluida. O gesto lento obriga a mobilizar uma atenção muito presente. Por esta tarefa, a pessoa não pode contentar-se em mover o seu corpo no espaço, mantendo distância de seu próprio gesto, como o faz habitualmente. Com o movimento lento, a distância que o paciente instalou consigo mesmo diminui, dando lugar ao sentimento de ser ator consciente do seu gesto. Essa aprendizagem constitui uma preparação para reapropriar-se da temporalidade da vida. Se a pessoa for capaz de estar consciente dos fenômenos imediatos que aparecem durante o movimento, ela será capaz de estar consciente dos fenômenos que aparecem na sua vida cotidiana.

Outra metodologia que utilizo para facilitar o acesso à imediatez é a introspecção sensorial (descrita na terceira parte). Trata-se de uma interiorização ativa guiada verbalmente pelo terapeuta com o objetivo de permitir à pessoa familiarizar-se com o conteúdo silencioso e inédito do seu corpo e da sua vida psíquica: pensamentos, sentir, vivência, movimento... Já não é a lentidão do gesto que favorece o acesso à imediatez, mas a serenidade da atenção, calcada na lentidão do desenvolvimento dos fenômenos internos.

A relação com a vivência

A vivência, como vimos, consiste em sentir ao mesmo tempo a experiência e seus efeitos no corpo. A vivência está também em relação estreita com a noção de imediatez: a vivência é um ato de imediatez. Enquanto faço esta ou aquela coisa, eu "vivencio"; enquanto penso, "vivencio". Enquanto me recordo deste ou daquele acontecimento, "vivencio", no meu presente, a sensação inerente a esse acontecimento ou a sensação despertada hoje por essa lembrança.

Essa capacidade está raramente presente espontaneamente nos nossos pacientes: se existem outras tantas naturezas de mal-estar quanto pessoas, a tendência ao mal-estar é quase sempre acompanhada por uma insensibilidade, por um sentimento estranho de estar distante das coisas.

Essa insuficiência da vivência é um fator que colocamos na categoria das causas impessoais do sofrimento, na medida em que ele se encontra quase em todos os pacientes de angústia psíquica. É um fenômeno inerente ao ser humano.

A vivência das coisas cria na pessoa uma ressonância íntima que participa muito perto do reconhecimento da sua própria identidade. Nesse sentido, a insuficiência da vivência pode também ser considerada como uma causa individual de sofrimento, tanto mais que qualquer traumatismo é acompanhado por uma dessensorialização, que não é mais do que a perda da vivência ligada ao acontecimento traumático.

Desenvolveremos mais tarde os diferentes níveis de emoção ou afetividade que se desdobram a partir da vivência e que podem ser atingidos no decorrer de um processo individual de mal-estar.

A relação com o impulso criador

E. Minkowski, um dos fundadores da psiquiatria fenomenológica, postula no homem a existência de uma aspiração natural em se "fundir com o cosmos". Na sua concepção, a noção de cosmos é algo maior que nós, uma potencialidade. Ele relaciona diretamente o sofrimento humano da separação com essa aspiração cósmica: "Porque a ela aspiramos, à fusão do universo, porque, na sua grandeza, a tocamos pela dilaceração, do sofrimento que nos esmaga, falamos em conflito cósmico".[91]

Esse conflito, para Minkowski, não está ligado à história da pessoa: "Vemos agora como o conflito cósmico, precisamente pelo que tem de impessoal em si mesmo – impessoal tomado no sentido positivo da palavra – está mais próximo do impulso criador do que do conflito afetivo".

Várias vezes constatei que o homem está separado, sem o saber, da sua dimensão holística e sofre com essa situação. Curiosamente, é pela separação dessa coisa maior que ele pressente a sua pertença à totalidade.

E. Minkowski evoca a possibilidade de que, acima dos conflitos afetivos, descritos pela psicanálise, existe uma ferida sobre a qual se podem construir esses conflitos.

---

[91] E. **Minkowski**, op. cit.

Compreendemos, então, por que Minkowski não era um adepto sistemático da investigação de uma causa traumática no passado: "A idéia da gênese tornou-se nos nossos dias uma verdadeira obsessão. Acreditamos esgotar a natureza de um fenômeno pela descoberta da sua causa. Mas o princípio de causalidade é apenas uma das múltiplas expressões da nossa tendência a escapar à atualidade, substituindo o caráter mecânico do passado. Sacrificamos o fenômeno estudado à nossa necessidade causal, antes mesmo de ter feito a mínima tentativa para libertar os seus caracteres essenciais".[92]

Ao questionar de forma tão clara os automatismos da investigação de uma razão causal, Minkowski denuncia os limites da psicanálise: "A psicanálise só conhece o conflito afetivo, resultado da existência das pulsões e das interdições. É esse conflito que está na base da explicação que tenta dar às manifestações da vida humana. Não vai além disso. É aí que reside a sua força, mas também a sua fraqueza".[93]

A relação com o sentido

L. Binswanger, fundador, com E. Minkowski, da psiquiatria fenomenológica[94], considera a noção de perda de sentido uma das causas profundas do sofrimento. Para ele, o homem não dá toda a sua dimensão à sua experiência e não sabe tirar partido dela, o que o conduz em determinado momento a atos inautênticos, porque não ligados ao sentido.

---

[92] Ibid.
[93] Ibid.
[94] **Binswanger** L., *Introduction à l'analyse existentielle*, Minuit, 1971.

Que significa ao certo "perda de sentido"? O termo "sentido" em língua francesa (Nota da tradutora: e na língua portuguesa também) engloba três acepções: sentido, enquanto suporte da sensibilidade (os sentidos que geram sensações), sentido como direção ou orientação, e sentido como significado. Acepções a que poderíamos acrescentar o sentido como valor ajustado às coisas. Quantas vezes ouvimos esta expressão "esta situação já não tem nenhum sentido"? Ela exprime simultaneamente uma perda de significado, "já não percebo mais nada", perda de interesse, de valor, "para que é que isto serve?"

Compreendemos, então, até que ponto a perda de sentido pode tocar de forma insidiosa múltiplos setores da existência. Em primeiro lugar, convém considerar, em terapia, todas essas rupturas de sentido, tentando aí descobrir as raízes profundas do mal-estar. Por vezes, conseguimos, abordando a problemática sob todas as suas facetas: encontrar o sentido e, dependendo do caso, tornar a contatar o sensível, reencontrar a orientação da vida, compreender de novo, ou pela primeira vez o significado e a coerência globais da sua existência; é também reapropriar-se dos valores que perdemos e que são importantes para manter o rumo da vida. A menos que se trate de um pouco de tudo ao mesmo tempo.

Mais freqüentemente, a razão pela qual uma pessoa sofre está em relação com a perda de sentido da vida. Bem entendido, ela não a irá formular dessa maneira; a problemática existencial reveste mais facilmente a forma de uma somatização, camuflando a situação de mal-estar. Será ilusório pensar que a somatização possa encontrar a sua origem na perda de sentido? Uma perda de sentido que progressivamente deixou a pessoa sem referências, num verdadeiro estado de divagação interior. Pouco a pouco são acionados os sistemas de compensação físicos ou psíquicos, que acabam por desmoronar sob a forma de uma doença ou mal-estar comprovado, o meio de expressão extremo de uma dificuldade que começou em outro terreno.

Antes de procurar ajudar a pessoa a reencontrar o sentido da vida, convém possibilitar-lhe tomar consciência de que a natureza da sua doença tem ligação com a perda de sentido, o que nem sempre é óbvio... Seja o sofrimento de origem psíquica ou física, o que ela quer é compreender. O que espera do seu terapeuta é, em primeira instância, que lhe explique por que está mal, por que sofre. Mais ainda do que um remédio para melhorar, espera uma explicação sobre a origem do seu mal-estar. O procedimento pedagógico que consiste em explicar tem freqüentemente o valor de primeiro remédio.

É necessário, por vezes, levantar o véu invisível que mascara a realidade. A vida presente não se desfaz facilmente do passado. A experiência mostra que a vida não aparece espontaneamente como um conjunto ordenado e com sentido. É, à primeira vista, uma mistura de acasos, preenchida com pequenos acontecimentos cuja lembrança acaba por se deformar com o tempo.

Existe freqüentemente nos pacientes, mesmo que estes não se dêem conta, verdadeira perda de memória, ausência de sinais temporais e referências fundamentais. Eles esquecem as "histórias da vida" das suas vidas, felizes ou infelizes, traumatizantes ou não, mas que constituem a trama. Relembrar o passado soluciona o problema?

Muitas vezes, encontrei pessoas capazes de contar a sua vida nos seus detalhes, graças à sua capacidade de memorização; retraçam fielmente um grande número de instantes, mas será que aprendem alguma coisa com a narrativa no momento em que o contam?

De maneira geral, não abordo a biografia da pessoa, analisando sistematicamente o passado, prefiro criar as condições para que a pessoa penetre em consciência na experiência imediata e aprenda a descrever cada um dos detalhes que aparecem. A experiência preconizada emprega sempre a via do corpo, pela qual a pessoa descobre valores internos a que até então nunca tinha acedido. Reencontramos aqui a importância da esfera da imediatez como lugar de apreensão de um novo modo de conhecimento e acolhimento da sua própria vida. É por essa relação com a imediatez que se construirá o retorno a uma verdadeira biografia que proporcionará a plenitude do seu sentido.

Os problemas da relação individual com a tonalidade interna

A perda do sentido da vida, encarada como insuficiência universal, impessoal, traz-nos de volta à própria pessoa. Que de novo traz a Somato-psicopedagogia sobre as perturbações consideradas classicamente como psicológicas?

A psicologia individual abrange um campo vasto, desde as funções de adaptação aos acontecimentos fisiológicos (no sentido natural e orgânico) até às interpretações cognitivas mais elaboradas. Assim, o sofrimento psíquico pode ter a sua origem numa perturbação que se situa em vários níveis: do mais orgânico ao mais cognitivo, reencontramos a emoção fisiológica, o timo[95], a sensualidade, a sentimentalidade e a emoção psicológica ou afetiva.

Todos esses níveis representam o desdobramento individualizado de uma função sensível primordial comum a todos, que acontece na matéria do corpo, no mesmo lugar onde se exprime o movimento interno. Esse lugar, quando consciente, torna-se o terreno fértil de informações sensoriais que alimentam tanto a vida reflexiva quanto a vida emocional e afetiva da pessoa. Esta torna-se capaz de raciocínios e reações que se baseiam em novos critérios: já não são os mecanismos de defesa, de rejeição, de projeção que guiam as palavras e os atos, mas as informações profundas e sentidas que emergem da matéria corporal animada pelo movimento interno. Nessa fase, o corpo e o psiquismo são apenas um.

Infelizmente, as pessoas que vêm à consulta estão bem longe desse estado de coerência e de equilíbrio somatopsíquico. Estão submersas em sua afetividade, as emoções transbordam-nas, quando não foram abafadas, impossíveis de se expressar. Nesse clima de hiper-reatividade psico-afe-

[95] Elemento de composição (do grego *thymós*), que traduz a idéia de coração, alma; a psiquiatria clássica concebeu o timo (ou timia) como o "estado de ânimo", como o bom e o mau humor. (Nota de trad.)

tiva, ou de mutismo emocional, o corpo sofre sem ser ouvido naquilo que tem a dizer sobre o assunto. Restituir ao paciente a sensação da sua tonalidade interior torna-se uma urgência terapêutica, pois é a partir dela que o paciente vai poder preencher o espaço sensível não percepcionado que ele pressente, sem o sentir verdadeiramente.

A verdadeira questão é como se perde o contato com a sua tonalidade interior. Os testemunhos dos pacientes são diversificados: meio cultural, modo de educação, clima familiar, pressões sociais são outros tantos fatores que levam a esconder as suas expressões corporais, as suas mímicas, as suas emoções, os seus desejos mais profundos. Puseram um freio nas manifestações da sua tonalidade com receio de serem reprimidos, ridicularizados ou, pior ainda, não vistos nem ouvidos.

Os três níveis sobre os quais a Somato-psicopedagogia age com prioridade são a emoção fisiológica, o timo e a afetividade ou emoção psicológica.

A emoção fisiológica

É uma reação natural do corpo face a um acontecimento. Comover vem do latim "e-movere": movimentar-se, levar-se para fora de. Trata-se de um movimento que altera o estado do corpo, que o arrasta de um estado para outro. Nesse sentido, as emoções têm a ver com o que se vive no interior do corpo; permitem, antes de mais nada, sermos informados sobre o nosso próprio estado interior. São base de um modo de comunicação entre a pessoa e ela mesma: a pessoa toma consciência, por exemplo, que está alegre, porque acede a certo tipo de transformação do seu estado interior.

A emoção fisiológica também acontece para ser vista no exterior: a pessoa ruboriza-se ou empalidece, a postura modifica-se e o tônus reage, devido à natureza do elemento que desencadeia uma reação, agressiva ou benéfica. A emoção é também uma expressão visível, um movimento que faz sair alguma coisa do corpo, que o mostra ao exterior. As emoções exprimem-se na interação com os outros, com uma linguagem social que informa os outros do nosso próprio estado interior ou que nos informa do estado interior dos outros. Graças ao conjunto das mímicas e expressões do corpo, elas deixam ver os nossos estados de cólera, prazer, alegria e possibilitam que o interlocutor se adapte.

A emoção fisiológica é uma resposta de adaptação que nasce no corpo face a uma situação. Quem nunca sentiu o seu coração acender-se perante alguém querido, nunca sentiu uma emoção fisiológica. Que maravilhosa faculdade biológica, a do corpo, que o possibilita viver uma intensidade conforme determinada situação!

Distinguimos emoção, fenômeno fisiológico, e sentimento. Sentimento, para alguns investigadores, como Damásio[96], a dimensão subjetiva, consciente associada ao processo fisiológico. Essa distinção explica algumas distorções em relação a essa fisiologia: o corpo pode viver determinada intensidade, e a pessoa ignorá-la – "Eu, perturbado? Não, está tudo bem..."

---

[96] **Damásio** A., *L'erreur de Descartes*, Odile Jacob, 1995 ; e *Le sentiment même de soi*, Odile Jacob, 1999.

– ou, ao contrário, a emoção corporalmente expressa apaga-se, mas a pessoa "arranja-se" para fazê-la durar...

A duração normal da emoção fisiológica é bastante breve: apenas o tempo necessário à adaptação. A partir do momento em que o acontecimento é gerido, o corpo retorna ao seu estado de base. Contrariamente ao amor e aos outros sentimentos pertencentes ao mundo da afetividade, a emoção fisiológica retira-se tal como veio, sem grandes histórias, sem se prolongar indefinidamente após o desaparecimento do pensamento dedicado ao ser querido.

A reconexão com a emoção fisiológica constitui um dos pilares da nossa terapia ou uma via de passagem terapêutica que possibilita a tomada de consciência das tonalidades internas do corpo.

Marie-Christine, atriz, iniciou um trabalho em Somato-psicopedagogia para melhorar a expressão das suas emoções. Revelou-se que o seu problema não se situava diretamente no nível da expressão (ela podia expressar facilmente uma emoção), mas no sentir a tonalidade que normalmente acompanha a expressão. Ela exprime a sua dificuldade nestes termos: "Eu posso representar uma expressão, mas sinto claramente que ela é vazia, que imito uma emoção e que dentro não há nada, que não sinto nada".

Com muita sutileza e paciência, o praticante propõe-lhe uma abordagem de facilitação pelo movimento lento. A lentidão proporciona viver todo o desenrolar da expressão que se veste de emoção. Ele se coloca em frente da paciente e, por um jogo de empatia corporal, implica todo um mimetismo de expressões que desencadeia uma verdadeira relação.

A relação empática sintoniza-se e faz o resto: Marie-Christine segue à risca os movimentos do seu terapeuta; desenvolve a mesma velocidade, as mesmas posturas, implica-se nas mesmas formas, toma as mesmas orientações, respeita as mesmas paragens e novamente se implica em outras formas de movimentos, em uníssono com o terapeuta.

Em dado momento, o praticante diz-lhe: "Vamos, agora faça o movimento que é mais parecido consigo, não siga mais o meu". Ainda um pouco hesitante, Marie-Christine lança-se no seu próprio movimento, sem perder a lentidão que a mantém em relação de empatia com o seu terapeuta. Cada um dos gestos propicia-lhe a vivência de matizes variados, de emoções articulares, viscerais, musculares, que acabam por se transformar em diversas tonalidades.

Por que o relance da emoção fisiológica está no coração do nosso processo terapêutico? Porque é o primeiro nível atingido por uma pessoa que está em situação de sofrimento psíquico.

Pascal percebe claramente o drama que isso poderá representar, quando uma emoção fisiológica não é reconhecida na expressão que adota. Durante uma sessão de Somato-psicopedagogia, uma estranha lembrança vem-lhe à consciência: "Eu tinha dez anos, o meu pai estava diante da porta e, cheio de alegria, corri para ele de braços abertos. Mas o meu pai passou ao meu lado e reagiu como se não me tivesse visto".

Pascal veio à consulta por causa de um mal-estar permanente. Ele sofre há muito tempo de insensibilidade, de insensorialidade. Ele percebe o acontecimento rememorado como o ponto de partida da ruptura com o seu corpo. Após sete primeiras sessões que resultaram no desaparecimento das dores cervicais, bem como das dores de cabeça, não se obteve nenhum progresso na qualidade de relação com o seu corpo. Após essa lembrança, a relação com o seu corpo deu um salto em frente...

O caso de Pascal não é isolado; é até mesmo encontrado com freqüência. A experiência demonstra que o recalcamento não implica apenas a lembrança psíquica do acontecimento, mas em primeiro lugar a tonalidade da emoção fisiológica associada a esse acontecimento. A tonalidade deixa deserto o corpo no momento do trauma; é um meio que o corpo utiliza para evitar o sofrimento. É neste terreno que se organiza o sintoma psíquico.

Ao reativar a emoção fisiológica, a pressão manual desencadeia a rememoração de certos acontecimentos recalcados ou esquecidos.

O timo

O timo é outra categoria de estado que anima o corpo. Contrariamente à emoção, que é uma reação momentânea a um acontecimento, chamamos timo à tonalidade que dá cor ao cenário do humor, um estado de base constante sobre todo um período de tempo. É o gosto que a pessoa tem de si mesma e que se revela, por exemplo, quando dizemos: "Esta manhã, acordei às avessas!" ou "Hoje, estou de bom humor!"

Maine de Biran tornou-se o meteorologista das suas variações diárias, seu diário tornou-se uma espécie de barômetro diário do estado da sua alma: "A vida do eu desenrola-se sobre um fundo imutável de impressões cambiantes ligadas às disposições orgânicas"[97], dizia.

O "gosto de si mesmo" é uma das primeiras coisas atingidas no sofrimento psíquico. O timo pode estar em certos casos "exacerbado" e a pessoa tem então o sentimento de poder realizar milhares de coisas, sente uma vitalidade desinibidora. Quando o timo está "baixo", a pessoa está pessimista e obscura e torna-se negativa. Todos temos um timo flutuante: "Um dia tudo bem, no outro, nada está bem, sem razão aparente", como se o organismo ditasse a sua lei.

Quando a persistência de um estado do timo insuficiente ou exacerbado excede uma duração de duas semanas, com freqüentes alternâncias de uma fase e outra, falamos de um estado maníaco-depressivo, designado como depressão bipolar.

Georges sofre de depressão bipolar. Ele saiu de uma fase maníaca, durante a qual se sentia desinibido e podia aumentar intensamente as suas atividades até reduzir consideravelmente o seu tempo de sono.

Atualmente está em fase depressiva. Pessimista, os seus gestos são restritos, as suas idéias, negativas; não sente o mínimo prazer. Os antidepressivos que toma já há algum tempo estabilizam-no num humor entre dois estados, sem gosto.

Que procura Georges? Para já, que lhe eliminemos as vertigens, os zumbidos nos ouvidos, os vômitos freqüentes, as dores viscerais que são o destino das pessoas que sofrem de depressão e por que ninguém se responsabiliza.

---

[97] Citado por **Gouhier** E., op. cit.

O tratamento manual em Somato-psicopedagogia aliviará Georges dos seus males físicos. O movimento lento que irá realizar em relação empática com o seu terapeuta o fará redescobrir as famosas tonalidades articulares, musculares, viscerais. Com o tempo, ele reencontrará uma relação com o corpo que lhe permitirá regular as variações do seu timo.

Claro que vai levar mais tempo do que uma pessoa com boa saúde, pois o seu mal-estar é profundo e o desespero, real. Mas por nada no mundo ele irá faltar à consulta de Somato-psicopedagogia, porque o pouco que pode "vivenciar" no seu corpo é um vislumbre de esperança a que se agarra.

A afetividade ou a emoção psicológica

Se o corpo, na sua fisiologia, dá a qualquer acontecimento uma resposta adaptadora feita de tonalidades emocionais apropriadas em qualidade e em duração, ele consegue que o mental leve a melhor e desvie essa resposta. Por mental, entendemos a parte da via reflexiva que, em determinados momentos, impede os meios naturais de adaptação de se posicionarem, constituindo uma espécie de "contrapoder" frente à força fisiológica que vai sempre rumo à saúde e ao equilíbrio.

Chamamos "emoção psicológica" ao resultado de uma substituição da emoção fisiológica à partida pela interpretação mental que a faz perdurar no tempo. Por vezes, a fronteira entre esses dois modos é muito tênue, como se estivessem fundidos.

Paradoxalmente, encontramos, muitas vezes, nas pessoas hiperemotivas uma perda da tonalidade interior, como se a exacerbação do investimento emocional fosse uma resposta a uma falta, a uma ruptura da relação a si.

Dominique ilustra bem esse caso: "Sinto um vazio em mim, tenho que me manter sempre em experiências extremas para ter o sentimento de existir". A paciente anda de moto, pratica escalada e paraquedismo, procura uma intensidade de vida em experiências fortes sem as quais, segundo diz, perde o contato consigo própria.

Outro exemplo. Yvonne, ao tentar preencher uma ausência de relação com o seu corpo, procura reforços exteriores. O fato é que não possui nenhuma validação interna, pelo menos foi o que descobriu durante uma sessão de Somato-psicopedagogia.

Durante a sessão, o praticante, ao constatar que a entrevista verbal sobre o tema da desvalorização com as perguntas usuais não evoluía, propõe a Yvonne que se deite na mesa para receber um tratamento manual.

Após o tratamento, ela confessa: "Já não vale a pena procurar mais, percebi que o problema não vem dos outros e que também não é por não me amar, mas porque nunca encontrei o que acabo de viver sob suas mãos". Ela descreve, então, de forma surpreendente, o que sentiu durante a sessão: o movimento interno reconciliou-a consigo mesma.

3

Cuidar do mal-estar

Quando um paciente nos vem consultar, os seus problemas começaram muito antes; a revelação da problemática sobrevém geralmente muito tempo depois do seu início. Houve vários meses, por vezes vários anos de gestação; um percurso lento e progressivo de instalação de um mal-estar silencioso.

É esse processo de instalação que é necessário atualizar antes de descrever quais os meios de ação específicos da Somato-psicopedagogia. A nossa ação, tanto curativa quanto preventiva, baseada em utensílios de balanço de aparição precoce de perturbações ainda não reveladas.

O processo de instalação do mal-estar

Um paciente que nos vem consultar encontra-se, muitas vezes, no termo de um longo percurso. Ele lutou, sem o saber, à maneira de D. Quixote, contra moinhos de vento, perdendo progressivamente as forças, até o esgotamento físico e psíquico. Dá-se conta de que as coisas não estão bem, para logo tomar consciência de que tudo está mal.

No início, são pequenos sinais que se insinuam na sua vida cotidiana. Ele diz que não é grave e que vai passar, mais uma vez. Pequenos problemas físicos aparecem, que gere muitas vezes ao esquecê-los; por vezes, é o "estado nervoso" que toma a dianteira da cena e requisita a farmácia psíquica. Luta-se, resiste-se, compensa-se para não sofrer. E depois, não há melhoras e a pessoa entra num processo que a conduz rapidamente ao mal-estar profundo.

Através de todos esses episódios, instala-se uma degradação dissimulada, que a pessoa não mede em toda a extensão. Uma degradação que não atinge apenas o físico ou o psíquico, mas que se exprime também sob a forma do que chamei "perturbações não reveladas", perturbações que estão claramente presentes no corpo, mas não forçosamente na consciência da pessoa; perturbações que atingem a relação consigo mesma, e também os instrumentos internos[98]: os sinais de alerta do corpo já não são tomados em consideração e os instrumentos de defesa ou de reação são atingidos, favorecendo o desconhecimento da perturbação que se instala.

Compensação e descompensação

A compensação é o mecanismo pelo qual uma pessoa pode ultrapassar uma etapa de dificuldade de forma "artificial", ou seja, se interrogar acerca dos verdadeiros bastidores do seu mal-estar, mas conseguindo "acomodar-se" com este

[98] Os instrumentos internos foram apresentados na terceira parte.

graças a estratégias de adaptação nem sempre conscientes. As estratégias de compensação assentam numa espécie de tradução da realidade, na qual o fato de "alguma coisa não estar bem" é apagado: a pessoa viu os sintomas, mas transcreveu-os, desviou-os da sua primeira função de alerta. E é exatamente aqui que reside o problema dessa fase preliminar, durante a qual os sintomas não são tomados em consideração: o grito do corpo que eles exprimem não é ouvido, a sua razão de ser é inutilizada, a força de crescimento que eles encerram é descurada.

Tomemos um exemplo: uma pessoa cujo mal-estar desponta começa a expressar-se com perturbações do tônus, apresenta uma hipotonia de fundo que a deixa, muitas vezes, apática, sem entusiasmo. Os seus gestos tornam-se indistintos, menos precisos. Mesmo sem se dar conta, essa pessoa vai resolver a sua hipotonia por uma tensão suplementar para controlar melhor os seus gestos no cotidiano. Ao mesmo tempo, a perturbação inicial passa despercebida aos que a rodeiam a si própria.

Enquanto a compensação durar, a pessoa pode muito bem, até uma etapa avançada do percurso, não tomar consciência do seu mal-estar. O objetivo do somato-psicopedagogo é fazer com que o paciente descubra, mesmo *a posteriori*, todas as fases que atravessou para que possa, na próxima vez, captar a sua dificuldade no estado embrionário e reagir. É, podemos dizer, uma ação preventiva.

Falamos de descompensação, quando os limites da eficácia dos mecanismos de adaptação são atingidos. A pessoa não consegue mais adaptar-se e o mínimo acontecimento pode tornar-se a gota de água que faz transbordar o copo: a pessoa "vai-se abaixo".

A descompensação pode tomar várias formas, no sentido da depressão, no sentido de hiperatividade transbordante já sem sentido e que inquieta os que a rodeiam.

Do interesse da avaliação

A ausência ao seu próprio processo de degradação faz com que, quando para o acabar, o mal-estar se revele brutalmente, o paciente não lhe pode conferir nenhum sentido. É a razão pela qual a primeira ação terapêutica deve situar o paciente nas diferentes etapas do percurso de seu mal-estar.

Avaliar onde o paciente realmente está possibilitará direcionar a nossa intervenção terapêutica em função da etapa atual do percurso, assim como avaliar os seus progressos no decorrer das sessões. A pessoa nem sempre sabe reconhecer a sua própria evolução no decorrer do tratamento; faz parte da nossa ação levá-la a prestar atenção a si própria, a seus progressos, a suas mudanças. Esta é a parte pedagógica da terapia.

Os resultados manuais e gestuais, assim como a entrevista, deverão possibilitar definir o estado do paciente e, ao mesmo tempo, estabelecer com ele uma sintonização entre essa realidade e sua percepção. Há sinais anteriores à instalação do mal-estar, e, se eles, muitas vezes, escapam à atenção do paciente, são objeto da atenção particular do praticante.

Observei que determinado número de atitudes do paciente, em relação à sua vida e a si próprio, apareciam, muitas vezes, como sinais anunciadores de perturbações mais profundas, sinais que apresentaremos em primeiro lugar.

Em seguida, a nossa exploração incidirá sobre diferentes categorias de perturbações: as perturbações dos hábitos de vida (sono, apetite...); as perturbações de somatização (dores físicas estruturais e funcionais, perturbações tônicas); as perturbações dos instrumentos internos, dedicados à relação consigo e com outros (vivência, insuficiência na relação empática...), como os que estão ligados à cognição (atenção, percepção, memória...); e os problemas comportamentais (desmobilização, desvalorização...).

Vamos interrogar esses diferentes setores das perturbações em duas abordagens complementares, antes de mais, pela observação do corpo em situação de movimento gestual, o que nos vai revelar os sinais prévios do mal-estar. Podemos quase dizer: o mal-estar não sentido existe antes do mal-estar sentido, o mal-estar do corpo precede e anuncia o mal-estar do indivíduo. É o objeto da avaliação precoce na gestualidade.

Em seguida, por entrevista estruturada que possibilite situar mais precisamente em que ponto está o paciente, tanto no seu processo patológico como na consciência que tem dele. O objetivo das entrevistas estruturadas é fazer o diagnóstico do mal-estar instalado.

Os sinais anunciadores do mal-estar

Os sinais anunciadores, na maioria das vezes, não percepcionados, interessam desde o início ao somato-psicopedagogo. Reparei que certo número de vivências parece apresentar-se de forma sistemática, e levá-las em consideração permite, muitas vezes, travá-las e até mesmo deter os processos de instalação do mal-estar.

Distingo quatro reações ou comportamentos que o somato-psicopedagogo deve sempre assinalar: a perda da capacidade de distanciar-se, o sentimento de incompreensão em relação à vida, o sentimento de ruptura com os impulsos mais profundos e a perda de referências.

A perda da capacidade de distanciar-se

A grande maioria das pessoas em sofrimento psíquico perdeu a capacidade de distanciar-se. A sua vida parece ter sido transformada num bloco denso onde tudo não é mais do que um amálgama sem nuances, sem contornos, onde não subsiste nenhuma possibilidade de fazer o ponto da situação. Toda a vida é vista pelo prisma da problemática na qual essas pessoas se encerraram.

Tudo se transforma num espaço-tempo indefinido, sem alcance. Os acontecimentos da vida parecem demasiado longínquos, perdidos no grande horizonte do esquecimento, ou estão tão fortemente impregnados que parecem aglutinados entre si, a ponto de não mais parecer possível circulação entre o passado, o presente e o futuro.

A nossa orientação de trabalho com esses pacientes consistirá prioritariamente em reconstituir, com exercícios apropriados, a sua capacidade de lidar com o tempo, para dilatá-lo ou concentrá-lo restituir fluidez à visão que têm das suas vidas.

A incompreensão

A origem do mal-estar está, muitas vezes, na busca de sentido fora da problemática a que os nossos pacientes nos submetem, nomeadamente na ausência da verdadeira compreensão da lógica que os levou àquela situação.

Os nossos pacientes testemunham: "Sinto ter seguido uma via que não me correspondia". Por trás deste sentimento, existe uma grande interrogação em suspenso: "Não consigo compreender por que agi assim".

A pessoa não compreende como construiu a distância, a inadequação entre o impulso que motivou a sua ação em determinado momento da sua vida, a orientação que tomou e o resultado a que chegou.

Podemos ajudá-la a descobrir se essa incompreensão se instalou progressivamente no decorrer do tempo ou se, no momento dos acontecimentos, a situação já tinha perdido o sentido. No primeiro caso, a pessoa pode sentir-se tranqüilizada, quando se der conta de que simplesmente perdeu o contato com a sua motivação. Um trabalho de reconstituição biográfica permitirá em pouco tempo reatar com a vivência e com o sentido que presidiram às suas escolhas do passado.

No segundo caso, é necessário abordar com o paciente o seu sistema de funcionamento: não há dúvida que existe sempre uma distância muito grande consigo mesmo, o que explica o seu sentimento global de incompreensão da própria vida. O trabalho em Somato-psicopedagogia encontrará aqui um terreno de ação privilegiado, ao possibilitar ao paciente desenvolver uma presença a si e aos acontecimentos repleta de sentido.

Vamos subir o curso do rio com o nosso paciente, e rever com ele todos os limites que marcaram o seu percurso. Vamos revisitar cada tomada de decisão e revalorizá-la em conjunto.

A ruptura com o desejo profundo

Percebemos muitas vezes que atrás de um "Eu não compreendi" se esconde um "Eu não fiz o que sentia". O que é que realmente desejava essa pessoa e que não fez? Muitas vezes, existem razões válidas, que não lhe permitiram implicar-se no que considerava como a sua via: razões profissionais, responsabilidades familiares... Mas, por vezes, o paciente traz consigo um sentimento obscuro, uma mistura de culpa e de frustração: "Não assumi o que queria", "Renunciei porque não me atrevi".

O papel do somato-psicopedagogo é ajudar o paciente a assinalar todas as fases críticas de auto-julgamento, de auto-sanção, porque esses sentimentos são particularmente portadores de mal-estar. Nunca deveríamos permitir julgarmo-nos; uma pessoa que se julga está em estado de urgência. É imperativo transformar esse julgamento numa análise crítica objetiva e construtiva e restaurar o respeito por si mesmo no paciente.

Muitas vezes, ouvimos "Sinto-me prisioneiro" ou "Estou sufocado", em eco, devido a um sentimento de constrangimento que a própria pessoa se impôs ou que é imposto pelo ambiente que a rodeia. Por vezes, acabamos por não aderir às regras que nos impusemos em determinado momento. Sentimos que já não são mais atuais, que nos fazem mal, e, no entanto, ainda não conseguimos desfazer-nos delas.

É evidente que a transformação dessa situação necessitará de uma mudança de olhar, de uma análise mais precisa. No seio do labirinto no qual o paciente se sente recluso, vamos permitir-lhe distinguir várias saídas possíveis, entre as quais ele vai poder de novo escolher.

Trata-se, em todos os casos, de reconduzir o paciente a si mesmo; pois, muitas vezes, o sentimento de reclusão é aumentado pelo fato de ter perdido de vista os benefícios secundários que retirava da situação. Trata-se, aqui, para nós, somato-psicopedagogos, de transformar o "por causa de" em "graças a".

O sentimento de não encontrar o seu lugar

Outra problemática, muitas vezes, aparece nos testemunhos: "Não encontro o meu lugar", "Sinto-me um estranho no mundo que me rodeia". Esses pensamentos refletem uma profunda desordem, mais difícil de gerir que os casos precedentes. Não se sentir, ou não mais se sentir em seu lugar, revela um intenso sentimento de perda de sentido, que leva rapidamente a uma perda de referências. Encontramo-nos como que perdidos num deserto desconhecido, numa paisagem idêntica a perder de vista.

A perda de referências pode encontrar a sua origem no contexto imediato, onde nada é como desejamos, onde não nos reconhecemos nas motivações de uns e de outros, ao mesmo tempo em que nos persuadimos de que as motivações dos outros são a causa da problemática.

A perda de referências pode também acontecer entre si e si mesmo: já não sabemos o que queremos, já não sabemos mais situar-nos em relação aos nossos próprios desejos, não sentimos mais nada; esquecemos as nossas motivações.

Mais uma vez, qualquer que seja a origem do mal-estar, o problema central permanece o mesmo: a pessoa sofre de uma distância entre ela e o seu corpo, vive um sentimento de estranheza em relação a si própria. Ela está presente num corpo que não sente; já não é tocada pela sua própria presença.

Antes de perder o gosto pela vida, perdeu o gosto da sua vida ou até o gosto da vida. Um abandono que, até então, talvez fosse compensado pelo seu mundo imaginário, afetivo, sentimental, pela vivência de situações extremas (desporto, arte...), que visam desencadear impressões fortes e criar um sentimento de existência. Mas, na sua intimidade, ela pressente uma ausência; o seu corpo está ausente da sua vida, não ressoa no diapasão da sua existência. Uma ausência que faz com que a presença já não seja total, presença a si mesma, presença aos outros...

Casos ilustrativos

Bernard, 48 anos, vem à consulta por causa de um malestar profundo. Ele nunca realizou o seu sonho mais profundo, que é fazer uma viagem de barco à volta do mundo. Acabou de comprar uma magnífica vivenda para a qual economizou durante toda a sua vida. "Não posso partir de barco por causa do empréstimo que pedi para a minha casa", diz-nos. Sugerimos outra forma de ver as coisas: graças à felicidade por ter comprado a sua própria vivenda, ele pode suportar o fato de não poder partir ou diferir o seu sonho na expectativa de uma oportunidade.

A noção de diferido é muito importante: o que não pode ser realizado hoje poderá sê-lo amanhã. Destacar as perspectivas positivas permite, por vezes, desbloquear a situação, deixar o indivíduo entrever um novo objetivo, a partir do qual se desenvolverá uma renovação da motivação e da vontade.

Os "males de casal", muito freqüentes nas causas do mal-estar, assentam, muitas vezes, sobre a perda de vista dos benefícios secundários de uma situação difícil ou sobre a perda de novas perspectivas.

Os dois parceiros esqueceram por que se escolheram mutuamente. Já não sabem por que amaram um ao outro e acabam por duvidar do seu amor atual. Instala-se, então, a indiferença e certas frases acabam por ser proferidas como um cutelo: "Sinto-me fazer parte dos móveis", "Já não existo para ele", "Sinto-me só"...

A estratégia muitas vezes utilizada é instalar conflitos suficientemente fortes para se encontrarem na fronteira da separação. Frente a este último prazo, cada um faz o ponto da situação. E aqui, curiosamente, cada um é posto em contato com o que ama no outro, que recomeça a existir ao seu olhar. O essencial reaparece e talvez tenha estado lá sempre, fiel, mas ignorado.

Colocamos, muitas vezes, ao paciente a questão: "Se uma fada lhe propusesse transformar a sua vida com a sua varinha mágica, que vida gostaria de ter?" A resposta permite apreciar a clivagem que, por vezes, existe entre as expectativas, projetos, ideais… e a realidade do paciente, todas as coisas que vêm invadir o que está presente e baralhar a relação consigo e com o outro. É necessário distinguir entre as expectativas legítimas e as que têm a função de válvulas de escape frente a uma situação sentida como insuportável.

É provável que, entre essas expectativas, algumas sejam realizáveis sob uma forma diferente da que foi imaginada.

Não se trata de renunciar ao imaginário que nos permite reinventar a vida e suspender frente a uma condição insatisfatória. Se a procura de uma aragem num lugar que não existe é, por vezes, o único meio de suportar uma situação, pode também, quando o pensamento está unicamente virado para o que não está presente, instalar uma degradação do que está presente, tangível.

Elisabeth, em processo de divórcio, focaliza a sua amargura numa frase que o marido lhe tinha dito: "Casei-me contigo apenas para te oferecer como presente de aniversário". Uma confidência infeliz que parece apagar todos os anos felizes passados juntos. Ela sentiu essa declaração como um questionamento de toda a história deles como casal, com, em segundo plano, a idéia de que o marido a teria desposado não por amor, mas apenas para agradá-la. Esta frase tinha transformado o sofrimento da separação num ódio para com o marido.

À questão: "Durante quanto tempo partilharam a sua vida?", ela respondeu: "Mais de vinte anos". É necessário fazê-la reparar: "Será que pensa realmente que ficamos vinte anos com alguém apenas como presente de aniversário?" Esta simples frase foi suficiente para revalorizar a sua vida de casal, reabilitar os momentos passados juntos; ela ficou aliviada de um peso imenso e pôde viver o seu divórcio de um modo mais sereno.

O diagnóstico precoce através da avaliação gestual

Antes que o mal-estar apareça de maneira ostensiva no comportamento da pessoa, o corpo já traz em si a impressão de um estado interno sombrio. No silêncio da vida orgânica, desequilibra-se lentamente e somatiza em surdina.

Como tornar visível o que é invisível? Como encontrar os meios para uma prevenção eficaz? Como orientar-se precocemente dentro da perturbação que se instala e evitar que o indivíduo chegue ao mal-estar declarado?

Compreendemos aqui o interesse do que chamamos em Somato-psicopedagogia as condições extracotidianas de avaliação. Uma vez que o sintoma não se vê nos modos de funcionamento usuais, propomos ao paciente uma situação nova que, pelo seu caráter inabitual, impeça a utilização das estratégias habituais de compensação. O corpo será de tal forma surpreendido pela novidade da situação, que se esquecerá de utilizar os seus mecanismos automáticos. Os sinais prévios da descompensação revelam-se aos olhos de todos: são as perturbações da atenção, do tônus, da coordenação sensório-motora e da vivência corporal.

As condições extracotidianas de avaliação são representadas pela lentidão do gesto pedido ao paciente e a tomada de consciência do componente linear do movimento.

Pedimos ao paciente efetuar exercícios gestuais codificados, muito lentos, que solicitam ao máximo os processos atencionais, o relaxamento tônico, coordenação e relação com a vivência.

Consideremos o caso da atenção: a avaliação gestual pode demonstrar que a atenção perdeu a sua capacidade de pousar simultaneamente sobre diferentes tarefas. Dessa forma, o paciente já não pode colocar a sua atenção simultaneamente sobre o que se passa no exterior e no seu interior; ou sobre o movimento do seu braço e da perna. Em termos de comportamento, essa insuficiência da atenção traduz-se por uma perturbação das capacidades de adaptação, por dificuldades de gestão dos acontecimentos da vida cotidiana, podendo ter repercussões sobre a atividade profissional. Qualquer que seja a situação encontrada, a pessoa não pode fazer outra coisa senão focalizar a sua atenção sobre uma só tarefa.

A qualidade tônica revela-se igualmente no momento dos testes efetuados numa lentidão relaxada e global. O aumento do tônus manifesta-se por um gesto controlado em permanência, como se a vontade estivesse presente em cada centímetro de deslocamento. Essa "tensionalidade" é, muitas vezes, associada a acessos de cólera, à irritabilidade exacerbada. Inversamente, um tônus demasiado fraco oferece um movimento desabitado, demasiado mole.

A trilogia atenção/tônus/atitude é indissociável. A interação permanente entre esses três parâmetros faz com que a re-harmonização da atenção e do tônus aja de forma espetacular sobre o comportamento da pessoa.

A avaliação gestual coloca facilmente em evidência uma perturbação da coordenação, na medida em que a estrutura da gestualidade solicita diferentes partes do corpo em orientações diferentes, em velocidades diferentes, em intenções diferentes, o que implica estar presente em todas as partes do corpo ao mesmo tempo. Pedimos, por exemplo, à pessoa, para realizar um movimento de translação lateral, para a direita e, depois, para a esquerda, com a bacia e membros inferiores, enquanto, no mesmo tempo, os seus membros superiores efetuam cada um o seu próprio deslocamento no espaço.

O terapeuta não tem nenhuma dificuldade em assinalar a existência de uma falha na coordenação, por exemplo, entre as partes superior e inferior do corpo, entre a direita e a esquerda ou, ainda, entre o componente linear e o componente circular do movimento.

A avaliação gestual não se contenta em recolher informações corporais e psicológicas; a sua função é simultaneamente preventiva e curativa.

Em período de mal-estar mais avançado, todos os sinais serão aumentados a ponto de se tornarem visíveis, mesmo em situação cotidiana. Eles irão inscrever-se numa lista mais vasta, onde virão juntar-se as desordens comportamentais, que irão perturbar o dia-a-dia. É o conjunto desse processo que a nossa entrevista de diagnóstico deve agora explorar de forma panorâmica.

O diagnóstico do mal-estar revelado através da entrevista estruturada

Elaboramos um questionário que contém dez perguntas de base, para permitir ao paciente tomar consciência dos seus mecanismos de funcionamento e descobrir as suas estratégias de comportamento. As dez perguntas remetem para dez etapas encontradas constantemente na descrição da instalação progressiva do mal-estar.

A descrição dessas etapas será também a ocasião para mostrar como o somato-psicopedagogo vai abordar os problemas que se revelam na entrevista e respostas ao questionário.

Será necessário datar, o mais precisamente possível, a aparição dos sintomas; conhecer a sua freqüência, a sua intensidade e compreender como a pessoa os vive subjetivamente. Será igualmente necessário inventariar o número de sintomas presentes e, o mais difícil, avaliar se estão ligados a uma causa real ou a uma causa virtual. Uma depressão, por exemplo, não será abordada da mesma forma, se aparecer depois de um luto ou se estiver ligada a uma idéia que a pessoa faz da sua situação.

Do mesmo modo, tratar um sintoma que começou há dois dias ou há três anos impõe uma abordagem diferente; a inscrição no corpo não é a mesma, a antiguidade faz com que o corpo adquira hábitos de funcionamento. Repor em movimento as imobilidades antigas não será suficiente; é necessário reeducar o paciente a funcionar de outra forma.

O tratamento não será forçosamente mais difícil se o mal-estar durar há muito tempo. Não existe associação direta entre gravidade e antiguidade dos sintomas. Por vezes, um sintoma instalado há uma semana está mais ancorado na matéria do corpo do que outro que já dura há cinco anos. O que vai determinar o sucesso do tratamento é, antes de mais, saber se o paciente está "maduro" para acionar as transformações interiores que a sua cura implica.

As perturbações do sono

As perturbações do sono traduzem um início de distúrbio a que devemos prestar atenção. Encontramos três tipos de deteriorações do sono: a insônia, a hipersônia e o sono não reparador.

Se a pessoa sofrer de insônia, poderá ser interessante fazê-la precisar se se trata de uma insônia noturna ou matinal: tem dificuldades de adormecer ou acorda antes da aurora sem conseguir voltar a adormecer? A insônia noturna é, regra geral, a insônia de ansiedade: a pessoa "cogita" e sente-se sobre pressão. A insônia matinal tem antes uma conotação depressiva.

A nocividade da insônia está em grande parte ligada à maneira como a pessoa ocupa o seu tempo de "não sono". Uma pessoa que só tenha dormido quatro horas sentir-se-á menos cansada de manhã, se passou o seu tempo de vigília noturna a descontrair-se, do que a pessoa que ficou constantemente preocupada, inquieta e até mesmo a torturar-se.

É a razão pela qual, enquanto esperamos que o tratamento em Somato-psicopedagogia traga os seus frutos e melhore o sono, convidamos a pessoa a utilizar as horas de insônia como distração e proveito para a sua interioridade.

Isso pode ser desde a leitura de um livro agradável a todo tipo de exercícios de despertar perceptivo aprendidos no decorrer das sessões. Um paciente já treinado poderá aproveitar esse tempo da noite para experimentar novas percepções mediante verdadeiros momentos de interiorização.

A hipersônia, ao contrário da insônia, caracteriza-se por um aumento da necessidade e do tempo de sono, vivido como um refúgio, podendo assinalar uma forma desviada de fuga da realidade.

No caso de sono não reparador, a pessoa acorda tão cansada como se não tivesse dormido verdadeiramente. Isso pode ser o sinal de uma atividade de ansiedade contínua durante o sono, ansiedade que impede os processos fisiológicos de reconstrução do corpo e do espírito durante a noite.

Quaisquer sejam as suas formas, as perturbações do sono têm incidências muito graves sobre a bioquímica do corpo e podem constituir um verdadeiro trampolim para a depressão.

Como abordará o somato-psicopedagogo o problema do sono? A regulação vigília-sono é um ritmo e, como qualquer ritmo biológico, tem a sua fonte na organização rítmica fundamental do movimento interno, chamado bio-ritmo sensorial.

Este exprime-se fisiologicamente nos tecidos por uma alternância regular de encadeamentos e desencadeamentos das fáscias. Uma pessoa treinada para sentir a vida silenciosa do seu corpo pode captar o bio-ritmo interno e realizar encadeamentos gestuais que respeitem a sua organização. Os encadeamentos são simétricos e regulares e alternam movimentos de divergência (abertura ao meio envolvente) e movimentos de convergência (abertura a si mesmo).

O terapeuta avalia a qualidade do bio-ritmo sensorial no paciente e assinala as dessincronizações tanto dos tecidos como da gestualidade. Por gestos terapêuticos adaptados, ele leva a pessoa a ter de volta o seu ritmo, suavemente, até à profundidade da sua matéria.

Por vezes, o tratamento manual revela uma perturbação do movimento interno nos ossos do crânio. A dinâmica craniana tem certa influência sobre a regulação quantitativa e qualitativa do sono. Nesse caso, será necessário libertar os bloqueios observados nas fáscias e articulações da caixa craniana.

Deve-se notar que as perturbações do sono encontram, muitas vezes, alívio numa ação terapêutica orientada para o sistema neuro-vegetativo e vascular. O sistema neurovegetativo tem um lugar central na gestão dos fenômenos emocionais e, portanto, da ansiedade. O terapeuta liberará cuidadosamente todas as tensões, opressões, restrições que apertam o ventre, o coração, a garganta e que alimentam a angústia. Essa ação, efetuada no ambiente seguro da lentidão do movimento interno, trará rapidamente tranqüilidade ao corpo e ao pensamento.

A vascularização será igualmente abordada para facilitar as trocas metabólicas e favorecer um funcionamento hormonal harmonioso.

A fadiga instalada

Ao tentar compensar o seu mal-estar, a pessoa esgota-se. A fadiga pode estar em relação com uma perturbação do sono; porém, mais amplamente, esconde, muitas vezes, um esboço de desmotivação. É o corpo que reclama novas disposições de vida.

A fadiga instala-se de forma brutal, como uma mola que se quebra subitamente no corpo, ou de forma progressiva, ao alterar simultaneamente o humor e a libido. As "quebras" aparecem durante o dia, sem motivo, e transformam-se num estado de fadiga que se torna cada vez mais impregnada em intensidade e em duração para tornar-se permanente.

O interrogatório do paciente deve possibilitar precisar a natureza da sua fadiga: puramente física, psíquica, intelectual, de aborrecimento. Esta última, a fadiga de aborrecimento, acompanha-se, muitas vezes, da hipersônia. O paciente não a irá resolver pelo aumento do sono, mas ao viver o tratamento, a novidade no seu corpo, novidade que irá acionar um novo interesse para si próprio e sua vida.

O tratamento, para além das indicações para as perturbações do sono, terá como prioridade relançar a vitalidade do organismo: desencadear o movimento interno nos ossos, nas vísceras e no sangue.

Os distúrbios alimentares

Como para as perturbações do sono, os distúrbios alimentares podem apontar "demasia", "insuficiência" ou desorganização conjunta: perda de apetite, aumento da quantidade de alimentos, desorganização dos horários e do conteúdo das refeições.

A perda de apetite é, muitas vezes, acompanhada por desconforto digestivo: a alimentação "não passa mais", a pessoa tem náuseas, digere mal. Esse sintoma não é insignificante: não ter mais vontade de comer significa, de certo modo, perda do gosto pela vida.

O aumento da quantidade de alimentos é, muitas vezes, um mecanismo compensatório para preencher um vazio e, também, uma perturbação do sentido gustativo, da primeira função da alimentação.

A desorganização exprime-se por uma perturbação dos horários; a pessoa come uma coisa qualquer, em qualquer hora, sem forçosamente diminuir ou aumentar a quantidade de alimentos. Este sintoma assinala uma perda de referências, um ataque às áreas de vida, um relaxamento da disciplina que acompanha naturalmente os ritmos biológicos e sociais.

O tratamento consistirá em libertar todas as tensões suscetíveis de travar a função digestiva em todos os seus estágios: as vísceras; o diafragma para a ação de brassagem fisiológica das vísceras abdominais, e para o risco de estreitamento que apresenta para o esôfago e o sistema neuro-vegetativo.

Será necessário despertar a sensorialidade da matéria e colocar o paciente em relação com a sua própria interioridade, a fim de devolver-lhe o gosto pela vida.

Os distúrbios da atenção

Há três categorias de perturbações bem diferenciadas: hiperfocalização da atenção, hiperdistratibilidade ou saltos atencionais.

A hiperfocalização traduz-se por uma restrição do campo atencional. O indivíduo, para conseguir manter a atenção sobre um assunto, porque a sua atenção está integralmente captada pelo fenômeno que o ocupa, perde a capacidade de fazer com que qualquer outra coisa exista. O que pode, em casos extremos, confinar à obsessão, quando a atenção permanece invariavelmente sobre um assunto a ponto de fazer deste uma preocupação exclusiva: a pessoa torna-se incapaz de pôr este assunto em perspectiva entre outros fenômenos, dando-lhe a sua justa proporção.

A hiperdistratibilidade é a incapacidade de prestar atenção plenamente e de forma contínua a uma coisa. Isso pode ir até a total desatenção. A pessoa faz um esforço sobre-humano para conseguir manter-se concentrada, acabando por não mais estar atenta a si mesma e perde o interesse por vestir-se e sair.

Os saltos atencionais marcam uma desorganização global das capacidades atencionais, que flutuam segundo os vários momentos do dia, o tipo de solicitação e o estado psíquico da pessoa.

Em todos os casos, os problemas da atenção assinalam o começo de uma deterioração funcional da cognição. A pessoa perde a visão panorâmica das coisas, o que a leva a perder o sentido delas: já não compreende muito bem por que acontecimentos se passam de determinada forma, como se construiu a situação que vive. Já não compreende o seu próprio contexto de vida, já não consegue estar presente, nem a si, nem aos outros, nem ao que faz da sua vida.

A existência acaba por se assemelhar a uma linha picotada. Neste estágio, o comportamento começa a ser atingido: perde-se a eficácia na ação, cometem-se erros no trabalho.

Reduzem-se os campos de ação, protege-se dos imprevistos e, ao mesmo tempo, já não se é surpreendido e enriquecido pela própria existência.

A pessoa começa a tomar consciência do estado em que se encontra. Ela sente claramente que só vive apenas uma parte da sua vida, invadida pela angústia de já não ser capaz de gerir o que lhe é proposto.

As perturbações da atenção são uma das maiores indicações da Somato-psicopedagogia. Toda a nossa metodologia, pedagógica e terapêutica, visa desenvolver as capacidades atencionais a serviço de uma percepção melhor de si e dos outros. A atenção do paciente é solicitada em todas as fases da terapia: na sintonização somato-psíquica manual, na sintonização somato-psíquica gestual, na introspecção sensorial, na entrevista verbal; deitado, sentado e em pé; tanto no decorrer das primeiras descobertas perceptivas como na discriminação dos detalhes mais apurados.

Se o paciente for constantemente convidado a prestar atenção, é sobretudo levado a tornar-se presente à sua relação com a atenção. Ele aprende a descobrir em que momentos e em que circunstâncias a sua atenção está estável, em que momentos se desliga; quais os meios que deve acionar para reaver a atenção, quando esta escapa e, sobretudo, quais os efeitos que os diferentes tipos de mobilização atencional induzem no seu corpo: será que percebe sensações mais intensas, quando presta atenção a sua cabeça ou pés? Será mais intenso para ele trabalhar de olhos abertos ou de olhos fechados? Será que se sente mais implicado por uma instrução que lhe interpela a visão, a audição ou a percepção cinestésica?

É a partir deste trabalho muito específico de desenvolvimento das capacidades atencionais que a terapia em Somato-psicopedagogia adquire o seu sentido e a sua eficácia. Nunca convidaremos um paciente a falar da sua problemática sem nos termos assegurado de que a sua atenção foi suficientemente desenvolvida. Sem esse esforço prévio, não existe nenhuma hipótese para que o discurso do paciente dê, a si mesmo, informações novas sobre a sua problemática.

O sucesso da terapia repousa essencialmente sobre o estabelecimento de uma nova relação consigo, com seu corpo, seu sentir, seu pensamento e dos outros. E essa nova relação só pode nascer a partir de uma modificação da maneira como o paciente utiliza a sua atenção.

As perturbações da memória

A memória não escapa ao processo de descompensação. O seu alcance – excluindo toda a patologia de origem neurológica, como Alzheimer ou outra – entrava profundamente a vida do paciente: a impressão de perder as suas faculdades intelectuais é fonte de angústia, de perda de confiança.

Os problemas da memória aparecem como uma agravação dos distúrbios da atenção: a pessoa deixa de ter uma visão panorâmica das coisas, a história da sua vida perde o sentido, a coerência, a lógica, do passado até ao presente, como se o cimento que ligasse toda a história autobiográfica do indivíduo desaparecesse.

A memória de trabalho, de muito pouca duração, que utilizamos para realizar uma tarefa, dá coerência à ação que se realiza. É esta memória de curta duração que é perturbada em primeira instância no mal-estar. A pessoa tem o sentimento de ser incapaz de seguir uma conversa, tem dificuldade de chegar ao fim do trabalho começado e perde o fio que a liga ao presente.

A nossa abordagem da memória repousa sobre o desenvolvimento de outra maneira de memorizar, fundada sobre as percepções corporais. A sintonização somato-psíquica gestual constitui um utensílio precioso. Ela comporta um conjunto de encadeamentos de movimentos codificados que servem simultaneamente de suporte de treino e de quadro terapêutico ao paciente. No decorrer da terapia, deverá aprender a realizar encadeamentos e fixá-los. É precisamente aqui que se acionam as estratégias de aprendizagem e memorização que repousam diretamente na integração das percepções corporais e da vivência do movimento: é o corpo que percepciona, é o corpo que aprende, é o corpo que memoriza.

O paciente fica sempre surpreendido, quando tem a impressão de já não se lembrar do encadeamento e que o seu corpo, como por magia, lhe oferece, ao realizar espontaneamente a coreografia que tinha esquecido.

As perturbações do tônus

Não voltarei aqui aos desafios psicológicos e comunicacionais da função tônica, que foram abordados na terceira parte. Essa descrição servirá de cenário à nossa abordagem das perturbações do tônus que aqui se apresentam.

As perturbações do tônus podem revelar-se sob três formas: hipertonia, hipotonia e de adaptação tônica. Determinemos, desde já, que não falamos aqui de perturbações tônicas de origem neurológica; a hipertonia que nos interessa no decorrer de uma sessão não é da mesma natureza de uma patologia como a doença de Parkinson, por exemplo.

Não consideramos o tônus muscular enquanto função neurológica, mas estado tônico de fundo que habita a matéria do corpo e que atinge simultaneamente os músculos, as fáscias, o interior dos ossos e o psiquismo do indivíduo.

Assim, a hipertonia de fundo desenvolve um estado psíquico fechado, muitas vezes, associado a uma hiperatividade, assim como a um controle excessivo da atividade motora e mental. A pessoa já não se adapta, fica impaciente, suscetível, agressiva.

A hipotonia produz um movimento vago, sem porte, sem presença. Acompanha-se, muitas vezes, de tendência para a apatia, desinteresse e abandono dos recursos psíquicos.

A perturbação da adaptação tônica traduz-se por um estado instável tanto no aspecto "hipo" como "hiper", mas raramente de forma adaptada e sempre de maneira imprevisível. Por exemplo, o paciente está demasiado tenso à noite e demasiado apático no momento em que deveria entrar em ação: o seu tônus não responde ao que é exigido pela situação.

A perturbação tônica, qualquer que seja a sua forma, toca diretamente as capacidades de adaptação cotidianas do paciente, perturbando a gestão do seu equilíbrio e a fluidez dos seus gestos.

A nossa primeira ação terapêutica acontece no decorrer do tratamento manual; a lentidão do desenrolar do movimento interno constitui um verdadeiro ansiolítico natural, que instala um ambiente de confiança e de segurança propício ao relaxamento tônico. Quando do ponto de apoio, as modulações tônicas espontâneas do corpo re-harmonizam-se: as zonas hipertônicas descontraem-se, enquanto as zonas hipotônicas reencontram um dinamismo interno.

Quanto à sintonização somato-psíquica gestual, oferece um quadro de realização do movimento que privilegia a globalidade e as coordenações articulares, impondo uma reorganização global das tensões.

Os distúrbios da coordenação

Um distúrbio da coordenação dos gestos acompanha, muitas vezes, a perturbação tônica. Pode manifestar-se na vida cotidiana por gestos desajeitados: esbarramos em alguma coisa, deixamos escapar os objetos, derrubamos, tropeçamos... A pessoa tem atitudes desconexas, ligeiramente incoerentes, a sua relação com o espaço e com o tempo está perturbada. No caso extremo, tem de fazer um esforço de coordenação para andar direito, reparar nos obstáculos, ajustar os gestos... Sente-se em pedaços, não consegue unificar-se.

Mas, muitas vezes, esse problema é compensado na vida diária, sobretudo nas condições extra-cotidianas de realização do movimento que propomos na sessão de Somato-psicopedagogia.

A dessensorialização

A dessensorialização consiste na instalação de uma distância entre a pessoa e o seu corpo, entre a pessoa e as suas sensações interiores, entre a pessoa e o seu movimento interno, entre a pessoa e a sua vivência.

É uma estratégia utilizada pelo corpo (considerado aqui como um representante da pessoa completa) para escapar à dor física e ao sofrimento psíquico e poder continuar a funcionar, apesar ou dentro de um contexto difícil. Essa estratégia ocorre cada vez que um acontecimento, ou situação, vivida como dramática, ultrapassa bruscamente a capacidade de adaptação da pessoa. Lembremos que esse fenômeno acompanha sistematicamente, segundo a nossa perspectiva, o processo de recalcamento psíquico descrito de maneira clássica.

No cotidiano, a dessensorialização intervém como medida de proteção (ativada inconscientemente), servindo para esconder-se das solicitações, para não ser constantemente interpelada pelos acontecimentos, quando as capacidades de adaptação já não estão no seu pleno potencial.

A pessoa dessensorializada já não sente mais, já não tem a informação do seu estado interior (sensações, impulsos, entusiasmos profundos) e manifesta uma espécie de indiferença para consigo mesma; sofre, mas sem saber exatamente do quê. É uma pessoa que, há pouco tempo ou sempre, não tem mais nenhuma ligação com o próprio corpo e está privada da sua capacidade de empatia consigo mesma e com os outros. Instala-se um verdadeiro ciclo vicioso: cortada do seu movimento interno, está privada da única coisa que a poderia voltar a sensorializar. Não se comunicando mais no plano da vivência, não é mais alimentada pelas suas relações, e a ausência de alimento agrava a ausência de sensorialidade.

À questão "Como se sente no seu corpo?", o nosso paciente dessensorializado não sabe o que responder. A resposta limita-se, muitas vezes, a: "Sinto-me mal" ou "Dói-me aqui ou ali" ou "Sinto-me pressionado, apertado". No melhor dos casos, fala-nos das suas emoções, dos seus afetos, dos seus sentimentos, da sua dor física, porque esta é a única maneira que lhe resta de sentir-se.

Devemos levar mais longe a investigação: "Acontece-lhe sentir reações no seu corpo? Enquanto me fala, está em contato com reações particulares?" Este convite a inclinar-se sobre o seu corpo leva o paciente a modificar a sua qualidade atencional: o coração bate mais depressa? A respiração está mais rápida? Será que a postura mudou? Sente tensões em certos locais ou descontração?

A abordagem da vivência deve respeitar uma progressão para evitar que o paciente, ao nada sentir em particular, comece a desvalorizar-se. As nossas questões devem ser formuladas de forma que representem uma oportunidade para a pessoa se descobrir diferente, de fixar seu interesse sobre a novidade e aprender com ela e com o seu corpo.

Felizmente, mesmo se o nosso paciente não estiver totalmente consciente do seu estado de dessensorialização, o seu corpo tem sede de encontrar a pulsação e o gosto de um movimento interno pleno de vivência.

O tratamento manual é a etapa terapêutica primordial para relançar a circulação do movimento interno em todos os locais em que foi perdido. O corpo, sob as mãos do terapeuta, reencontra progressivamente uma consistência macia, enquanto o paciente redescobre com alívio o gosto de si mesmo.

O efeito psíquico da ressensorialização é, muitas vezes, espetacular: não é raro que o paciente chegue à consulta num estado quase depressivo e se levante do divã confiante, inteiro, pleno, feliz por estar vivo e ser quem é.

A somatização[99]

A palavra "somatização" tornou-se atualmente uma espécie de saco, por trás do qual se escondem sintomas físicos que exprimem um mal-estar mais global.

Por vezes, esses sintomas "resumem-se" a males que envenenam a vida sem ser suficientemente graves para justificar uma consulta médica: desregulações intestinais, digestivas, ginecológicas, dores de cabeça, pequenas dores vertebrais, tensões musculares, dores reumáticas...

Mais aborrecida ainda é a perturbação global do sistema neurovegetativo – aumento do ritmo cardíaco, aceleração da respiração, nós no plexo, suores, sensações de frio, tremores, pois, para além do grande desconforto a que leva, constitui um terreno de predileção para a instalação de crises de angústia preocupantes. Qualquer que seja o contexto no qual apareçam estes sintomas, trata-se de uma

[99] Esta seção continua a reflexão iniciada no primeiro capítulo desta parte.

linguagem clara do corpo que expressa as perturbações invisíveis de que realmente sofre.

Conforme já descrevemos, a forma de somatização é muito variável de um indivíduo para outro e, num mesmo indivíduo, de uma fase da sua vida para outra. Cada pessoa apresenta um "perfil somático", uma espécie de assinatura somato-psíquica que será, dependendo dos casos, mais de tendência articular, digestiva ou infecciosa.

Trata-se aqui de terrenos diferentes, que remetem, muitas vezes, ao perfil psíquico do indivíduo. Temos as doenças do que somos. Assim, o paciente portador de uma patologia cardíaca diagnosticada de forma tão significante: tem o coração "demasiado grande e demasiado fraco" ...

No entanto, esse perfil pode mudar no decorrer do tempo e conforme a evolução da pessoa. Certos pacientes descrevem-nos um "percurso de somatização" no qual é fácil reconhecer várias grandes fases, como uma infância e adolescência dominadas por repetidas infecções, um início de vida adulta marcado por uma série de fraturas ósseas, e a década mais recente, por disfunções vasculares.

Podemos quase acreditar que o corpo testa várias coisas, interrogando-se: "Qual é a linguagem que o meu proprietário vai entender?" O corpo parece utilizar as diferentes fraquezas do seu próprio funcionamento físico e biológico, revelando-as. Essas fraquezas correspondem, a nosso ver, a funções ou a zonas corporais privadas do movimento interno.

Analisando bem o percurso dos nossos pacientes, damonos conta de que uma mudança de localização somática corresponde, muitas vezes, a momento de transição da existência em que se produz uma modificação da organização dinâmica do corpo e do pensamento. É a razão pela qual, quando o paciente manifesta um novo tipo de somatização no decorrer da terapia, é importante convidá-lo a tomar consciência desta e interrogar os efeitos dos seus sintomas para daí extrair a novidade que pede para ser revelada e que leva o corpo a escolher uma nova expressão para a sua "voz".

A nossa ação terapêutica é muito eficaz sobre a grande maioria das somatizações. O procedimento terapêutico que aplicamos revela-se, desde logo, muito tranqüilizador para os pacientes que se viram perante um diagnóstico de "distúrbios psicossomáticos", interpretando que não tinham causa real para o seu sofrimento. Mesmo que os exames médicos se tenham revelado negativos, o somato-psicopedagogo saberá detectar, na vida tissular, os abrandamentos ou bloqueios do movimento interno que justificam perfeitamente a existência e a localização dos sintomas.

Ele encontrará, muitas vezes, uma "cadeia", associando diferentes zonas do corpo distanciadas geograficamente umas das outras, mas ligadas pela mesma história; o paciente compreenderá, logo, com facilidade a lógica que liga diferentes sintomas entre si e que parecem díspares numa primeira abordagem.

Muitas vezes, algumas sessões serão suficientes para liberar os três tipos de perturbações da dinâmica interna do corpo, que encontramos na origem da quase totalidade dos distúrbios somáticos: a tensão, a opressão e a sensação de aperto.

Falamos de tensão a propósito das contrações musculares que dão ao paciente a sensação de estar encerrado numa couraça. Essas contrações são o resultado de uma crispação miofascial que inclui as aponevroses, os tendões, os ligamentos e que incide na atividade da menor fibra muscular.

A sensação de aperto está, muitas vezes, localizada na cabeça e na coluna vertebral. Ela é responsável pelas dores de cabeça e pelas sensações dolorosas de rigidez da nuca até a parte inferior das costas. Esses sintomas correspondem à crispação da fáscia da dura-máter, ou seja, a membrana que envolve o cérebro e a medula-espinhal.

A sensação de opressão toca com mais freqüência os órgãos do estresse e da emoção: faringe, coração, pulmões, vísceras abdominais. Ela provém de uma crispação da fáscia axial profunda, que engloba e liga as vísceras da base do crânio até ao períneo.

Os distúrbios comportamentais

Falamos de distúrbios do comportamento, quando a ação concreta da pessoa está perturbada. A disfunção já não é apenas subjetiva, escondida no interior do indivíduo, do seu pensamento íntimo, do seu sentir, mas começa a desfavorecer a vida exterior, as ações cotidianas de forma objetiva. Uma fadiga atinge um grau tal que a pessoa não pode mais trabalhar ou os distúrbios da atenção tomam tal intensidade, que a condução automobilística se torna perigosa.

Nesse estágio, a pessoa confia espontaneamente nos seus sintomas de tal forma que o mal-estar a invadiu em todos os setores da sua existência. O que ela adivinhava, pressentia, torna-se uma evidência incontestada e incontestável. Até então, sentia claramente que algo não estava bem, mas encontrava sempre uma boa razão para o seu mal-estar: circunstâncias difíceis, um acontecimento em particular... Em determinado momento, as desregulações que conseguia esconder de si própria e do meio envolvente, a custo de diversas estratégias, já não podem mais escapar à pessoa.

A aparição de distúrbios comportamentais é sinal de descompensação possível e até mesmo próxima, que pode ocorrer em fim de percurso, como última etapa do processo do mal-estar; mas também pode aparecer mais cedo, no decorrer de qualquer uma das etapas precedentes. Num contexto de fadiga, um acontecimento particularmente conflituoso pode descompensar a pessoa antes mesmo que as perturbações do tônus ou da coordenação tenham aparecido.

Entrevistas com os nossos pacientes revelam-nos a presença imutável, neste estágio de descompensação, de certo número de sentimentos negativos: desvalorização, desmobilização, perda da volição, insatisfação, sentimento de infidelidade para com a vida são outros tantos afetos dolorosos que constituem o pano de fundo da sua vida.

O meio envolvente (amigos, parentes) é, muitas vezes, o primeiro a notar na pessoa em sofrimento tendência à desvalorização e perda de confiança em si. O terapeuta deverá ajudar o seu paciente a clarificar esse sentimento: sente-se desvalorizado pelos outros ou ele próprio se desvaloriza?

Conforme o perfil de sua personalidade, o paciente adotará, por vezes, uma atitude paranóica, atribuindo aos outros a responsabilidade do seu problema, ou atribuirá a si mesmo toda a responsabilidade da situação, com grande sentimento de culpa, que o levará, muitas vezes, a isolar-se.

Nos dois casos, a perda de confiança atinge tanto a confiança em si como a confiança nos outros e impede uma ajuda do meio envolvente. A pessoa procura encontrar a solução sozinha. Como tudo está mal, vai, mais uma vez, em direção do fracasso. De tantas vezes repetir "Não vou conseguir" ou "Não estou à altura", já não vê mais as coisas bonitas que realizou. O papel do terapeuta será reconstruir com ela uma visão real da situação, pela solidez, vitalidade e consciência de si obtidas nos tratamentos manual e gestual.

A desmobilização ocorre quando, ao viver durante muito tempo com um sentimento de fracasso, o indivíduo acaba por cruzar os braços e renunciar à luta, tendo adquirido a convicção de que "não vale grande coisa, porque já nada funciona". Ele abandona qualquer iniciativa pessoal, qualquer projeto profissional e, talvez, qualquer projeto de vida.

A desmobilização é, muitas vezes, acompanhada por perda da volição, ou seja, perda da capacidade de realizar e orientar a sua vontade. Noutros termos, a pessoa torna-se incapaz de mobilizar a sua vontade, não tem mais desejos. As suas motivações tornam-se imprecisas, tornam a tomada de decisão difícil, hesitante, submetida a múltiplas vacilações.

A persistência que deve acompanhar uma decisão é também flutuante; a pessoa já não encontra solidez para terminar um projeto. Perdeu no caminho toda a resistência frente aos pensamentos negativos: "Não vou conseguir, isto não serve de nada".

A desvalorização esconde, por vezes, um profundo sentimento de insatisfação que atinge um ou vários setores da existência: familiar, profissional, social, existencial... Quando esse sentimento é generalizado, o indivíduo já não vê os setores da sua vida onde as coisas ainda estão bem.

A insatisfação também pode vir da impressão de não ser reconhecido por seus esforços adotados, ou de uma inadequação entre os resultados da sua ação e as suas expectativas.

A insatisfação, quando já não é o fruto objetivo de uma situação real, mascara, por vezes, um fenômeno fundamental: o sentimento de ter sido infiel à sua vida, de não ter sabido acreditar nas suas aspirações profundas, de não ter sabido aproveitar as oportunidades que se apresentaram. O sentimento amargo de ter passado ao lado da vida, ao lado da sua potencialidade... É como se só existissem duas atitudes possíveis: a frustração permanente ou a culpabilidade de não ter agido no momento necessário.

Estamos à beira da depressão. O somato-psicopedagogo, pela sua tripla abordagem (manual, gestual e verbal), sabe observar esse estado de urgência, caracterizado pelo caráter constante de perturbações até então ainda flutuantes.

A experiência que temos do trabalho com as pessoas em situação de mal-estar demonstra que, ao agir precocemente, na fase "infraclínica" em que as perturbações ainda são pouco perceptíveis, exceto em situações extracotidianas, o problema se regulariza rapidamente. A pessoa reencontra a relação com o seu corpo, reencontra o gosto por si mesma, o gosto e o sentido da sua vida. Evitamos desse modo a transição para uma psicopatologia evidente.

Infelizmente, a pessoa em mal-estar espera geralmente atingir o limite do insuportável para pedir ajuda. Muitas vezes, descuidou-se em levar a sério vários sintomas, menores em aparência, que acabamos de descrever. Por vezes, a pessoa também consulta um médico, depois outro, sem obter resposta satisfatória; ou é o seu meio envolvente que não a leva a sério e a "repreende", chamando-a à atenção por "se escutar demasiado".

Mesmo quando a pessoa se implica num trabalho de psicoterapia, que lhe será benéfico, para melhor cercar o seu mal-estar, em nenhum momento, infelizmente, o sofrimento da matéria do seu corpo, de que se encontra separada, não será tomado em conta nem tratado.

Para concluir, o quadro clínico que apresentamos é uma tentativa de modelização das diferentes etapas atravessadas pelas pessoas em sofrimento de mal-estar.

Ainda que essa modelização seja proveniente da nossa prática e se apóie na experiência de numerosos praticantes, resta muito ainda para compreender. A patologia psíquica é complexa. Se alguns dos mecanismos que a regem estão agora bem definidos, a psique humana mantém, conserva ainda certos mistérios que, até ao momento, a ciência ainda não esclareceu.

CONCLUSÃO

Este livro propõe uma nova forma de relação de ajuda por uma entrevista original, pela mediação corporal. O corpo é escutado na sua necessidade mais íntima e na sua sabedoria escondida. Esta escuta atenta permite tomar em consideração a dicotomia que existe, muitas vezes, entre a formulação verbal do paciente e a necessidade do corpo. O corpo fala de coisas antigas, por vezes, esquecidas, por vezes, perdidas, que, no entanto, estão sempre presentes. Fala também do futuro, do que pede para nascer, para ser e surgir. Fala sobretudo no presente, do presente, de uma intensidade a "vivenciar", de instante em instante.

Expus a entrevista verbal como a delineei para respeitar a experiência da entrevista tissular. A partir daí tentei mostrar a importância da terapia manual para qualquer psicoterapia. No interesse dos pacientes, não podíamos privar a abordagem psicoterapêutica da contribuição da terapia manual e vice-versa.

A noção de sintonização somato-psíquica torna-se, desse modo, central. As sintonizações utilizam a terapia manual, o movimento gestual e a introspecção sensorial. Graças à sintonização somato-psíquica, a entrevista verbal adquire outro sentido: instala-se uma empatia entre o terapeuta e o paciente, entre o paciente e o terapeuta e entre o paciente e ele mesmo, favorecendo a transformação da sua relação com os acontecimentos e seu olhar sobre os eventuais traumas. Essa forma de entrevista, talvez mais próxima da realidade tangível de uma subjetividade reveladora, contribui para reencontrar pistas de uma vida interna de cura para a alma, o espírito e o corpo.

A metodologia da Somato-psicopedagogia, como vimos, está plenamente ancorada no mundo da vivência. No entanto, temos sempre a preocupação de ligar essa vivência à fisiologia e à capacidade reflexiva, e isso acontece, graças à abordagem perceptivo-cognitiva que revisita os instrumentos internos que participam dos processos de aprendizagem. Compreendemos, assim, o lugar privilegiado concedido, que nossa abordagem dá à pedagogia.

Cada vez que afirmo que o que é curador na Somato-psicopedagogia não é a dimensão psicológica, mas a dimensão pedagógica, surpreendo as pessoas, porque por esta a pessoa descobre-se, sente-se e adquire uma nova forma de perceber e pensar a sua problemática. Trata-se de refletir ou, mais precisamente, aprender a refletir acerca de novas experiências. Porque, atrás desta abordagem, além da filosofia humanista que a subentende, o que conta é o campo da expressão extracotidiana que a pedagogia do corpo e do sensível propõe viver.

Mais do que uma terapia da experiência cotidiana, como propõe C. Rogers, é um quadro de experimentação inédito para a pessoa. Esse inédito que é formador e fundador de um novo olhar sobre as coisas da vida.

O campo de aplicação da Somato-psicopedagogia é vasto. Limitei-o nesta obra à trilogia da dor física, sofrimento psíquico, perturbações comportamentais, porque me parecia urgente para as pessoas que sofrem na sua matéria corporal e na mente.

Como concluir um livro que representa apenas um momento, uma parada sobre a imagem de um processo que não pára de evoluir e favorecer um olhar constantemente renovado sobre o mundo?

O eu renovado não é meramente um conceito. Assim que o descobrimos, renova toda a estrutura de uma aptidão e um saber ser, que nos oferece um potencial de transformação.

Desse modo esta obra não explora mais que uma parte do que conquistei, do que longamente experimentei e considero de uma eficácia indiscutível. Meu sentimento de algo inacabado é devido à força atrativa do desconhecido que se exerce sobre mim. Devo confessar que tenho mais interesse pelas coisas que ainda não conheço, pelas coisas em devir, do que pelo que já descobri. Uma postura que expressa toda a minha gratidão para com a noção de potencialidade.

Apesar de tudo, acalento a esperança de que a Somato-psicopedagogia traga ao leitor e, por que não, à psicologia, uma dimensão inovadora. Se consegui, de algum modo, contribuir para a reunificação do corpo e do espírito e maleabilizar pontos de vista dualistas, este livro terá um sentido. Se consegui suscitar algumas reflexões acerca do lugar do corpo no processo do mal-estar psíquico e apontar algumas soluções eficazes, meu objetivo foi alcançado.

REFERÊNCIAS BIBLIOGRÁFICAS

ADLER, A., *Le sens de la vie*, Petite Bibliothèque Payot, 2002.

AJURIAGUERRA, J. de, *«De la psychomotricité au corps dans la relation avec autrui», Évolutions psychiatriques, Tome 27*, janvier-mars, 1962. AJURIAGUERRA J. de, *«Le corps comme relation», Revue de Psychologie Pure et appliquée, Tome 21*, n. 2, 1962.

ALBARELLO, L., *Devenir praticien-chercheur*, De Boeck, 2004.

ALLAZ, A.-F., *«Aspects psychologiques de la douleur»*, em *17ème journées d'étude sur la douleur et la souffrance*, APF Formation, Paris, 2004.

ANDREVA DUVAL, J., *Introduction aux techniques ostéopathiques*, Maloine, 1976.

BERGER, E., *Le mouvement dans tous ses états* — les recherches de Danis Bois, éditions Point d'appui, 1999.

BARBARAS, R., *La perception, Essai sur le sensible*, coll. Optiques, Hatier, 1994.

BARBARAS, R., *Le désir et la distance, Introduction à une phénoménologie de la perception*, Vrin, 1998.

BÉGOUT, B., MAINE DE BIRAN, *La vie intérieure*, Payot, 1995.

BERGSON, H., *La pensée et le mouvant*, Quadrige PUF, 1998.

BERGSON, H., *Matière et mémoire*, Quadrige PUF, 1999.

BERTHOZ, A., *Le sens du mouvement*, Odile Jacob, 1997.

BERTHOZ, A., JORLAND, G., (éds.), *L'empathie*, Odile Jacob, 2004.

BINSWANGER, L., *Introduction à l'analyse existentielle*, Minuit, 1971.

BOIS, D., *La vie entre les mains*, Guy Trédaniel Éditeur, 1989.

BOIS, D., *Le sensible et le mouvement*, éditions Point d'appui, 2001.

BOIS, D. & BERGER, E., *Une thérapie manuelle de la profondeur*, Guy Trédaniel Éditeur, 1990.

BOSCAINI, F., «*Le tonus: une fonction de synthèse corps-esprit*», in Évolutions Psychomotrices, n. 19, 1993.

BOURGEOIS, E., Nizet J., *Apprentissage et formation des adultes*, PUF, 1997.

BUSER, P., *L'inconscient aux mille visages*, Odile Jacob 2005.

COURRAUD, C., *Fasciathérapie et sport : le match de la santé*, éditions Point d'appui, 1999.

COURRAUD, C., *Attention et Performance*, éditions Point d'appui, 2002.

COURRAUD-BOURHIS, H., *Tonus et Posture*, éditions Point d'appui, 2002.

DAMASIO, A., *L'erreur de Descartes*, Odile Jacob, 1995.

DAMASIO, A., *Le sentiment même de soi*, Odile Jacob, 1999.

DAMASIO, A., *Spinoza avait raison*, Odile Jacob, 2003.

DARTEVELLE, B., «*La psychothérapie centrée sur la personne*», em *A quel psy se vouer ?* Elkaïm M., Seuil, 2003.

DECETY, J., «*L'empathie est-elle une simulation mentale de la subjectivité d'autrui ?*», dans BERTHOZ, A., JORLAND, G., (éds.), *L'empathie*, Odile Jacob, 2004.

DEPRAZ, N., VARELA, F., VERMERSCH, P., *On Becoming Aware*, John Benjamins, 2003.

DESCARTES, *Les Passions de l'âme*, Vrin, 1994.

DESTUTT DE TRACY, A., *Mémoire sur la faculté de penser, Corpus des Œuvres de philosophie française*, Fayard, 1992.

ECO, U., *Kant et l'ornithorynque*, Grasset, 1999.

ELLENBERGER, H. F., *Histoire de la découverte de l'inconscient*, Fayard, 1994.

FEUERSTEIN, R., *Médiation éducative et éducabilité cognitive autour du PEI*, Chroniques sociales, 1996.

FREUD, S., *Trois essais sur la théorie de la sexualité*, Gallimard.

FREUD, S., *L'interprétation des rêves*, Gallimard.

DE LA GARANDERIE, *Défense et illustration de l'introspection au service de la gestion mentale*, Centurion, 1989.

GAUCHET, M., *L'inconscient cérébral*, Seuil, 1992.

GENDLIN, E., *Focusing : au centre de soi*, Le jour éditions, 1984.

GOUHIER, E., *Maine de Biran par lui-même*, Seuil, 1970.

GUILLEBAUD, J.-C., *Le goût de l'avenir*, Seuil, 2003.

HENRY, M., *Philosophie et Phénoménologie du corps, Sur Maine de Biran*, PUF, 1965.

HUSSERL, E., *Idées directrices pour une phénoménologie* I, trad. Ricœur, TEL Gallimard, 1965.

JANET, P., *L'automatisme psychologique*, Masson, 1989.

JAMES, W., *Précis de psychologie*, Marcel Rivière éd., 1924 (nouvelle traduction, Les Empêcheurs de Penser en Rond, 2003).

JEANNEROD, M., *The cognitive neuroscience of action*, Blackwell, 1997.

JEANNEROD, M., «*Intention, représentation et action*», *Revue internationale de psychopathologie*, n. 10, 1993.

JEANNEROD, M., «*Le traitement conscient et inconscient de l'information perceptive*» *Revue internationale de psychopathologie*, n. 1, 1990.

JEANNEROD, M., *Le cerveau intime*, Odile Jacob, 2002.

JUNG, C.G., *Sur l'interprétation des rêves*, Le Livre de Poche, 2000.

LEÃO, M., *La présence totale au mouvement*, éditions Point d'appui, 2003.

LÉCUYER, R., PÊCHEUX, M.-G., STRERI, A., *Le développement cognitif du nourrisson*, Nathan Université, 1994.

MAINE DE BIRAN, *De l'aperception immédiate, Œuvres complètes, Tome IV*, Vrin.

MAINE DE BIRAN, *Des rapports du Physique et du Moral, Œuvres complètes, Tome VI*, Vrin.

MAINE DE BIRAN, *Essai sur les fondements de la psychologie, Œuvres complètes, T. VII.1*, Vrin.

MAINE DE BIRAN, *Notes sur l'existence, Œuvres complètes, T. IX-3*, Vrin.

MAINE DE BIRAN, *Considérations sur le physique et le moral, Œuvres complètes T. IX*, Vrin.

MASLOW, A., *L'accomplissement de soi : de la motivation à la plénitude*, Eyrolles, 2003.

MASLOW, A. *Vers une psychologie de l'être*, Fayard, 1972.

MELZACK, R., AND WALL, P. D., *«Pain Mechanisms: A New Theory»*, Science, 150, 1965, p. 971-979.

MELZACK, R., *The Puzzle of Pain*, Basic Books, 1973.

MERLEAU-PONTY M., *Phénoménologie de la perception*, TEL Gallimard, 1990.

MERLEAU-PONTY, M., *La prose du Monde*, TEL Gallimard, 1969.

MERLEAU-PONTY, M., *Le Visible et l'Invisible*, TEL Gallimard, 1970.

MERLEAU-PONTY, M., *L'œil et l'esprit*, Folio Essais, 1990.

MERLEAU-PONTY, M., *Psychologie et Pédagogie de l'enfant, Cours à la Sorbonne*, Verdier, 2001.

MINKOWSKI, E., *La lutte intérieure, écrits cliniques*, éd. Granger B., Ères, 2000.

MINKOWSKI, E., *Le temps vécu*, Quadrige, PUF, 1995.

NIETZSCHE, F., *Fragments posthumes, Œuvres Complètes T. X*, Gallimard, 1997.

NOËL, A., *La gymnastique sensorielle selon la méthode Danis Bois*, Éditions point d'appui, 2000.

PAILLARD, J., *«Vers une psychobiologie de l'intentionnalité»*, in Recherches en A.P.S. 2, 1987.

PAILLARD, J., *«Le pilotage du moteur musculaire, la contribution des neurosciences à l'étude des activités physiques et sportives», in Éléments de neurobiologie des comportements moteurs*, AZEMAR, G. e RIPOLL, H. (éds.), INSEP Publications, 1985.

PASCAL, *Les pensées*, Folio Classique.

PETIT, J.-L., *Quinze leçons sur Husserl et Wittgenstein*, Cerf, 1992.

Petit, J.-L., *«Pertinence neurophysiologique d'une phénoménologie de l'orientation», dans Neurosciences et philosophie de l'action*, Vrin, 1997.

Petitot, J., Varela, F., Roy, J.-M., Pachoud, B., *Naturaliser la phénoménologie*, CNRS éditions, 2002.

Piaget, J., *La psychologie de l'intelligence*, Armand Colin, 1998.

Piaget, J., *L'équilibration des structures cognitives*, PUF, 1975.

Picard, P., *«Une si longue souffrance», dans Thérapie et Mouvement*, éditions Point d'appui, 2001.

Pineau, G., et Le Grand, J.-L., *Les histoires de vie*, Que Sais-je?, PUF.

Quéré, N., *La pulsologie: action sur les fascias, le système vasculaire et la microcirculation en approche manuelle Méthode Danis Bois*, éditions Point d'appui, 2004.

Rogers, C., *Le développement de la personne*, Dunod, 1999.

Rogers, C., *L'approche centrée sur la personne*, Randin, 2001.

Roll, J.-P., *«Le sentiment d'incarnation: arguments neurobiologiques», Revue de médecine psychosomatique*, n. 35, 1993.

Roll, J.-P., *«Sensibilités cutanées et musculaires» dans Traité de psychologie expérimentale*, Richelle, M., Requin, J. & Robert, M., (éds.), PUF, 1995.

Roll, J.-P., *«Physiologie de la kinesthèse. La proprioception musculaire : sixième sens ou sens premier?», Intellectica*, n. 36-37, 2003.

Rossetti, Y., *«Des modalités sensorielles aux représenta-*

tions spatiales en action : représentations multiples d'un espace unique», em *Perception et Intermodalité*, PUF, 1997.

Rossetti, Y., *«Repenser le corps, l'action et la cognition avec les neurosciences»*, *Intellectica* n. 36-37, 2003.

Roustang, F., *Il suffit d'un geste*, Odile Jacob, 2003.

Sacks, O., *«La femme désincarnée»*, *dans L'homme qui prenait sa femme pour un chapeau*, Points Seuil, 1992.

Schopenhauer, A., *Le monde comme volonté et comme représentation*, Quadrige, PUF, 1989.

Spinoza, B., *L'Éthique*, Folio Essais, Seuil.

Stern, D., *Le monde interpersonnel du nourrisson*, PUF, 4ème édition, 2003.

Stern, D., *Journal d'un bébé*, Odile Jacob, 2004.

Stern, D., *Le moment présent en psychothérapie*, Odile Jacob 2003.

Still, A.T., *La philosophie et les principes mécaniques de l'ostéopathie*, Éditions Frison-Roche, 2001.

Sutherland, G. W., *Textes fondateurs de l'ostéopathie*, Sully, 2002.

Varela, F., *Invitation aux sciences cognitives*, Points Sciences, Seuil, 1995.

Varela, F., Shear, J., (eds.), *The view from within. First person methodologies*, Imprint Academy, 1999.

Vermersch, P., *L'entretien d'explicitation*, ESF, 2003.

Vermersch, P., *«La fin du XIXème siècle: introspection expérimentale et phénoménologie»*, *Expliciter*, n. 26, 1998.

Vermersch, P., *«Introspection as practice»*, in Varela, F., Shear, J., *The View from Within, First person methodologies*, Imprint Academy, 1999.

VERMERSCH, P., *«Pour une psychologie phénoménologique», Psychologie française, vol. 44*, n. 1, 1999.

VERMERSCH, P., *«Définition, nécessité, intérêt, limite du point de vue en première personne comme méthode de recherche», Expliciter*, n. 35, 2000.

VERNAY, D., et ALII, *«Prise en charge physique précoce des personnes ayant une Sclérose En Plaques (SEP), Fasciathérapie et Mouvement Sensoriel»*, em *17ème Journées d'étude sur la douleur et la souffrance*, APF Formation, Paris, 2004.

WALLON, H., *Les origines du caractère chez l'enfant*, PUF, 1949.

WALLON, H., *Structure des émotions. Origine et mécanisme. Rôle des émotions dans la vie psychique, Encyclopédie Française, tome VIII, «La vie mentale»*, section C, 1938.

WALLON, H., *«Espace postural, espace environnant», Enfance* n. 1, 1962.

WALLON, H., *«Kinesthésie et image visuelle du corps propre», Enfance* n. 3/4, 1959.

ZAZZO, R., *«Du corps à l'âme, les réponses de Wallon et de Freud»*, em *Psychologie et marxisme, la vie et l'œuvre d'Henri Wallon*, Denoël-Gonthier, 1975.

Impressão e acabamento
Gráfica e Editora Santuário
Em Sistema CTcP
Rua Pe. Claro Monteiro, 342
Fone 012 3104-2000 / Fax 012 3104-2036
12570-000 Aparecida-SP